学术论文
写作与发表指南

周传虎 ◎ 编著

XUESHU LUNWEN
XIEZUO YU FABIAO ZHINAN

中国人民大学出版社
·北京·

图书在版编目（CIP）数据

学术论文写作与发表指南 / 周传虎编著. —北京：中国人民大学出版社，2019.10
ISBN 978-7-300-27381-5

Ⅰ. ①学… Ⅱ. ①周… Ⅲ. ①论文—写作—指南 Ⅳ. ①H152.3-62

中国版本图书馆 CIP 数据核字(2019)第 186293 号

学术论文写作与发表指南
周传虎　编著
Xueshu Lunwen Xiezuo yu Fabiao Zhinan

出版发行	中国人民大学出版社		
社　　址	北京中关村大街 31 号	**邮政编码**	100080
电　　话	010－62511242（总编室）		010－62511770（质管部）
	010－82501766（邮购部）		010－62514148（门市部）
	010－62515195（发行公司）		010－62515275（盗版举报）
网　　址	http://www.crup.com.cn		
经　　销	新华书店		
印　　刷	固安县铭成印刷有限公司		
开　　本	890 mm×1240 mm　1/32	**版　　次**	2019 年 10 月第 1 版
印　　张	5.875	**印　　次**	2025 年 1 月第 5 次印刷
字　　数	160 000	**定　　价**	38.00 元

自序：我与论文写作这件事儿

学术论文写作是科研工作者的一项基本技能。如果一位高校老师说自己不会写学术论文，就像一个农民说自己不会种地一样令人不解。但实际上，这样的尴尬在国内高校中似乎普遍存在。早在2008年，因为我在媒体工作的原因，身边有人问我能否帮助他们发表论文，我就意识到：论文发表对很多人而言是一个很大的困难。那个时候，我就和很多人一样，认为论文发表是一个难题。但到了2013年，看到身边很多人写的论文，我逐渐感觉：难的不是发表，而是写作——很多人容易忽视这一点。为什么说难的不是发表呢？因为我们经常可以看到某个期刊编辑到处求人约稿、追求高质量稿件时急切的样子。只要稿件质量好，自然会有编辑要。为什么说难的是写作呢？一是因为很多人分不清“研究”与“写作”，重研究而轻写作，导致自身缺乏规范的写作训练；二是由于第一方面的原因，很多人对自己论文质量的判断出现偏差——重学术价值而轻传播价值，忽视了学术论文大都是要发表给别人看的，导致从作者角度和从编辑角度看稿子出现错位，作者自己认为质量很好的论文却得不到编辑的青睐。而“大人物”与“小人物”在论文写作与投稿这件事情上所采取的策略的差异和“小人物”对“大人物”的崇拜与模仿，又进一步加剧了这种矛盾。

从这个角度出发，我开始思考：学会写论文，也许是为高校教师松绑的一个突破口——此前的2004年，我还在上大二，当时受谢泳先生所著《逝去的年代》一书的影响，对知识分子问题特别关注；此后十年间，我尝试写作论述知识分子问题的文章，并用四年时间办过一份知识分子报刊。这种经历很自然地让我对高校教师这个群体高度关注。

2014 年 6 月，我发起并成立了学术写作大讲堂。其实，直到 2016 年，学术写作大讲堂仍然是一个公益性质的平台。记得那个时候，我在学校体育场下面的创业中心讲授论文写作课程，听课的人都是不用付费的，当然人也很少。有一次，现场只有一个人听课，我问他为什么坚持听课，他说自己是从台湾过来读博的，我讲的内容与他们台湾老师讲的写作训练很接近。后来，这个人也成了学术写作大讲堂的付费学员。

2017 年开始，学术写作大讲堂的影响力逐渐扩大。除了上面所说的创办学术写作大讲堂的初衷之外，越来越多的人问我另外两个问题：您自己不写论文何以教别人写论文？您为什么能够教不同学科的论文写作？为了让更多的人接受学术写作培训这种形式，我准备了多种版本的答案，其中最核心的两个观点是：论文写作是一项技术性工作，我教的是写作规范而不是学术研究；由于知识背景的差异，不同学科的论文写作确实有所区别，但是纯粹从写作的角度而言，写作规范都是差不多的，尤其是在当下社会科学自然科学化、人文科学社会科学化的环境中，这种差别更加不明显。最重要的是，目前国内很少有高校提供有效实用的学术论文写作训练，重研究轻写作的观念代代相传，越来越多的人找不到学术论文写作与发表问题的解决办法，接受学术写作大讲堂的写作训练也就成为一种无奈之举。这些话，我在很多场合不停地讲，中国社会科学院的任全娥研究员曾经开玩笑说我就像近代中国社会的一个布道士，并说我做的这个事情应该由学校自己来做。

这两年，国内有高校开始正式开设学术论文写作课程，这是一个好的迹象，只是对于效果如何我不敢过于乐观。其实，我很希望，在偌大的中国，能够多几个人站出来讲授学术论文写作，而且我认为最适合讲这门课程的人是学术期刊编辑，但是由于众所周知的原因，大部分编辑不愿意出来讲。我不像赵大良老师（赵老师的《科研论文写作新解——以主编和审稿人的视角》是我进入学术论文写作领域的启蒙读物之一）那样悲观地认为期刊编辑群体中也很少有人能够讲这门课，我总觉得，如果有人愿意讲，总会比现在的情况要好一些。

本书的初稿是 2016 年冬天，我在山东大学体育场下面的叶子咖啡厅所做的十次讲座的文稿。书中很多地方仍然保留了讲座体的口语化内容，希望不会给读者带来阅读障碍。这本书同时也是山东大学横向课题“中国人文社会科学大数据评价理论与指标体系研究”的阶段性成果，因此在这里，我要衷心感谢山东大学新闻传播学院的刘明洋教授、唐锡光教授、倪万教授和谢锡文教授。还要感谢中国人民大学出版社的韩兆丹编辑，感谢刘胜男、安冬梅、陈淑梅、左官春等学术写作大讲堂的每一位同事。我还要特别感谢我的妻子杜海霞老师，她从十几岁就和我在一起了，可是由于这些年来我在朝着自己理想的方向上一路狂奔，没能让她享受一天的清福，甚至经常惹她生气，愧疚和感激也许真的要用全部的余生去还了。期待着终有一天，我能够实现自己对杜老师的承诺：我要把你养成一位满头银发、笑容满面的老太太。

周传虎
2019 年 8 月 5 日修订于三栖斋

目　录

第一篇
“知己知彼”方能有效提高投稿命中率

众所周知，学术投稿的命中率是相当低的。今天，我们讨论的主题就是投稿命中率，内容主要包括三个部分。第一部分，我们要讨论投稿命中率到底有多低；第二部分，我们要讨论投稿命中率为什么这么低；第三部分，我们将从写稿或投稿的角度来探讨如何提高投稿命中率。

➢ 投稿命中率到底有多低

首先我们来看第一个问题，投稿命中率到底有多低。根据我们掌握的现有情况，在国外，稍微好一些的期刊，它们的投稿命中率是相当低的，大概只有 8%到 12%。至于一些顶尖的期刊，比如《科学》《自然》，投稿命中率基本不超过 0.5%。在国外稍微好一些的期刊里，投稿命中率高的，其命中率基本也不会超过 15%。那么，把这个问题放在国内，我们都知道国内的学术期刊在人文社科领域大概包括三个层次：第一个层次是我们通常所说的 C 刊（全称中文社会科学引文索引，CSSCI)；第二个层次是北京大学（简称北大）中文核心期刊；第三个层次就是其他类型的核心期刊，比如中国科学院（简称中科院）、武汉大学、中国社会科学院（简称社科院）、中国科学技术信息研究所（简称中信所）等，它们都有自己的目录。此外，我们把一些非核心期刊都归入第三个层次来。

如果我们综合全部期刊，算出一个大概的投稿命中率，基本上也在15%左右。在这之中，有一批期刊的投稿命中率会比较高，这可能是由各种各样的原因导致的，比如，有些期刊会收取版面费，有些期刊本身稿源不足等。但是，如果是核心期刊，不管是北大中文核心期刊，还是南京大学（简称南大）中文核心期刊，投稿命中率再高也不会超过15%，而且在国内，投稿命中率低至2%～3%的期刊也是有的。所以综合来看，不管是国内还是国外，投稿命中率都是比较低的。尤其是我们国内的很多核心期刊，由于各种各样的原因，其投稿命中率所体现的其实是一个综合情况，这个数据不一定能够准确反映它的自然投稿命中率。

➢ 投稿命中率为什么这么低

我们要探讨的第二个问题就是投稿命中率为什么这么低。第一个方面，我们从学术期刊用稿的角度来考虑。从编辑的角度来讲，他其实是对所有的来稿进行一个优中选优的过程，那么，优中选优意味着什么？这意味着他的稿件、来稿最后能不能用，这一点其实是没有标准的。从作者的角度来讲，我们经常会思考：一个稿件到底写到什么程度才能达到期刊的录用标准呢？这个也是没有标准的。当然，不管是编辑还是作者，对一本期刊可能会有一个大概的判断，一个稿件到什么水平，可能会进入期刊的可用范围。学术期刊有一个规律，不是说你的稿件达到它的要求、进入它的范围后就可以录用了，而是要优中选优，在进入用稿范围的所有稿件中进一步筛选出最优秀的论文才能够顺利进入审稿环节，再到录用。优中选优这一个审稿规律经常被作者所忽略，应该说大部分编辑是可以意识到这个问题的，但是作者往往不考虑这个问题，有些作者经常说我的稿子写得也不差，为什么投到某个杂志就不能被录用呢？它的影响因素非常多，比如投稿的时间：这段时间是不是优质稿件比较集中呢？在投稿的时间段里是不是期刊正缺少比较优秀的稿子呢？等等。因为审稿是一个优中选优的过程，不是说你的稿件达到一个水平就可以了，所以这个规律值得我们重视，至少我们要认清杂志社在审稿过程中客观存在的这样一个现象。

第二个方面，我想从编辑部的角度和大家讨论一下投稿命中率为什么比较低。从期刊本身的角度来讲，一个稿件最终能否被录用，除了稿件本身的学术质量外，还会有很多因素影响到稿件最后的审稿结果，其中一个很重要的因素就是期刊会有期刊自身的考虑，比如，你的这个稿件是否符合期刊的风格、期刊的要求，是否符合期刊的选题计划，是否符合编辑、审稿人、主编等人的用稿习惯，这些都会影响到稿件的最终审稿结果。与此同时，期刊还有一些其他考虑，比如，在一批稿件学术质量差不多的情况下，这个时候可能除了我们刚才讲的，还会考虑一些另外的因素，比如，你这个论文潜在的引用率，就是发表以后能有多大的影响，编辑也会有这方面的考虑，这是因为期刊本身也是被评价的。比如，一本期刊能否入围北大中文核心期刊？能否入选 CSSCI？能否入选各种各样的期刊目录？期刊本身也是被评价的，所有的这些评价都有一套非常完善的指标，而这些指标在无形中会反过来影响期刊的审稿，甚至会影响期刊审稿的一些细微环节和编辑判断稿件的一些细节。当然这些有时候是看不见摸不着的，有的编辑可能会比较强调这些细节，大部分编辑可能不是很强调，但都会或多或少地考虑期刊本身被评价的时候有哪些指标，从而来考评我们的论文。

第三个方面，我们每一位作者的投稿命中率为什么会这么低？在这里我想跟大家分享的是，编辑和作者对稿件的判断有时候是矛盾的。我们具体到一篇稿子来看，作者可能更在乎稿件中自己独到的学术观点、学术理念以及自己所做出来的真正创新的东西，很多作者可能比较在意这一点。但是，从一个编辑的角度来讲，拿到一篇稿件，把稿件放在手上，他可能一开始看到的不是你的稿件真正的创新性所在，而是你的稿件的一些其他东西，比如，稿件的形式问题——标题、摘要、文献、前言、结语等。形式问题也包括大标题、小标题的逻辑关联，标题语言方面的一些因素，等等。很多编辑，甚至是大部分编辑，审稿时都不是拿着你的稿件认认真真地从头到尾读一遍，大部分编辑不是这样审稿的。不同编辑有不同的审稿习惯，有的编辑可能一开始会看你的标题、摘要，有的编辑习惯看完你的标题后再看你的结语，有的编辑看完标题后再看前言，甚至有的编辑看完标题后会直接看你的文献，总之就不看稿件正文里的东西，你真正核心的东西不是编辑首先能够看到的东西。其实我们在稿件的写作过程中，要充分考虑到编辑审稿过程，那么我们在自己写稿的时候，应该优先考虑怎么处理，是可以倒逼我们的写作过程的。

第四个方面，我想从稿件本身来跟大家分享一下投稿命中率的问题。应该说，尽管我们国内的学术环境比较复杂，学术期刊的情况也各不相同，有各种各样的因素会影响稿件录用，但我们国内学术期刊基本上还是坚持质量第一的标准，而恰恰问题就出在这里。因为编辑审稿其实是没有标准的，它是一个优中选优的过程，只有更好没有最好，它就是这样一个过程，所以它可能没有标准。另外，在我们国内以文献计量学为代表的学术评价领域中，目前的学术评价主要还是停留在对学术期刊的评价上，没有进入学术论文评价这样一个层面，这就导致不管是编辑还是作者或第三方，针对一篇稿件往往会出现“仁者见仁，智者见智”的情况，甚至经常会碰到两个专家意见不同甚至意见完全相反的情况，比如一个专家认为稿件可用，另一个专家认为直接退稿就行了，那么这时候编辑可能就要有自己的判断，就是因为实际上是没有标准的。而且总的来说，可能编辑或者审稿人，包括一部分作者，只会有一个大概的判断，没有量化的，甚至连明确一些的定性标准都是缺乏的。

虽然从外部评价的角度来看，稿件往往是没有标准的，但是我们从写作的角度看，稿件其实也是有标准的，比如：标题写成什么样子？摘要写成什么样子？摘要写几句话？写三句还是写十句？稿件的前言写多少篇幅合适？要包括哪几个部分？要在稿件的前言里交代清楚哪几个方面的问题？论文的框架是三部分还是五部分？框架每一部分之间应该有怎样的逻辑关联？每一部分的内部要有怎样的逻辑安排？我们可以通过安排稿件正文的每一部分，最后推导出结论式的东西。再比如：你的注释、你的文献应该如何更好地配合论述使用，而不是只考虑形式方面的东西？比如，形式上要求有文献，我就要有文献，不能只考虑这方面的因素，而应考虑如何让这些形式上的东西能够更好地配合我们的写作过程，这些东西其实是有标准的，而且有规律可循，这就是我们的写作学。写作这个领域的大部分学者都在研究文学写作、公文写作，还有人研究新闻写作，但极少有人专门研究学术写作，写作学能够给我们的学术论文写作带来很大的启发，而这个过程是有规律可循的，有标准可以参考的。

➢ 如何提高投稿命中率

我们接下来讨论第三个问题，即从我们自身的角度出发，探讨如何提高投稿命中率。我们将从四个方面对这个问题进行讨论。第一，我们要贯穿一个基本思想，投稿要做到知己知彼，我们不追求百战百胜，但是知己知彼的工作我们要做，如果连这个工作都不做，那么你可能更谈不上如何去提高自己的投稿命中率。

第二，我们要做到了解期刊。比如：你这个目标期刊是一个什么样的、什么层次的？期刊本身是什么情况？期刊主要发表哪些方面、哪个领域的论文？在这个领域内部，这个期刊又要发表哪一种风格的论文？在这种风格倾向里面，这个期刊会发表哪一类选题的论文？它对作者有没有什么要求？对稿件本身有没有什么要求？期刊的编辑团队是一个什么情况？这个期刊平均的投稿命中率怎么样？这个期刊有没有形式、论文格式或基金方面的要求？再比如：期刊对作者的层次定位以及作者单位有没有偏好？等等。应该说，我们在了解期刊的时候，所有的这一切都应该考虑一下，从而做到比较了解我们的目标期刊，这样才能够做到写出并投出一篇符合我们目标期刊需要的论文，从而提高投稿命中率。要注意的是，投出一篇期刊需要的而不是我们自己想发的稿件，即我们自己想发的和期刊需要的可能是完全不同的稿件，这个情况并不少见。

第三，我们除了了解期刊，还要做到了解期刊中已发表的论文。经常有人说，我也经常看期刊里的论文，但是为什么我的投稿命中率还是不行呢？这是因为你只是看而已，而没有真正去研究这些已发表的论文中具有规律性的东西。为什么大家不太可能经常性地研究这个东西，这是因为大家都有自己的研究领域，你不是研究学术出版的，不是研究学术写作的，当然也就不会专门去研究这个东西，但是对学术写作与出版这个领域来说，这就是它的研究方向，这是一个独立成体系的领域，不是所有人都可以做的，但是我们每一个人都可以通过自己的努力独立地发现在这些已发表的论文里的一些规律性的东西。比如，什么论文容易发表，什么论文不容易发表，其实这些是能看出来的。再比如，在同一期期刊里面，有的稿件质量就特别好，当然也有的稿件质量不怎么样，这也是可以看出来的。就看我们自己下多大功夫细心研究一本期刊里面的情况。

第四，刚才我们讲了知彼，就是了解期刊和了解论文，而除了知彼，我们还要做到知己。很多人或多或少地都会去做这个工作，就是要了解一下期刊，去看看期刊大致的要求，但是极少有作者去考量、测评自己的论文，也就是说，极少有作者做到知己。比如，如果纯粹从学术角度来考量，你的论文的学术创新性、学术贡献、学术价值到底怎么样？你纯粹从自身角度出发，自己给稿件做个测评。再比如，我们还要考虑期刊需要，这个时候你要考虑你的论文是不是符合期刊的需要，是不是符合期刊在各方面的要求。就和我们刚才说从外部评价论文标准不容易把握一样，当自己评价论文时，这个标准也不太容易把握，但是并不是说这个事情不可以做，因为包括写作学、文献计量学等，都有很多的成体系的、成套的、比较科学的标准可供我们参考，让我们能够对自己的论文真正做到知己。其实真正了解自己论文的作者，稿件投出去，他们也会比较自信，因为他们了解自己的论文，了解自己的论文应该投到一个什么样的期刊上，以保证投稿命中率会比较高。这个投稿命中率就涉及两方面的内容：写作和投稿。写作和投稿其实是两方面的事情，所涉及角色包括作者、编辑和外审专家。论文投稿并不是作者一个人的事情，如果想提高投稿命中率，你就要进入论文写作和论文投稿的过程，综合考虑这个过程中所涉及的所有角色、所有环节，而不能只考虑自己想写什么内容，想投一本什么期刊，总是从自己出发，因为投稿命中率这个事情不是由我们自己来决定的。

根据刚才对知己知彼几个方面的讨论，我们还需要强调的一点是，要想真正提高投稿命中率，在投稿之前一定要有一个科学的论文写作过程。一旦写作过程有问题，你写出的论文可能就是有问题的，这就更谈不上有关投稿命中率的问题了，因为你的稿件本身就有很多问题。那么，什么样的写作过程是一个科学的写作过程呢？这在写作学里面也是有比较成熟的体系的，尤其在国外，有很多人专门研究学术写作，如它的规律过程等，应该说研究成果已经比较成熟了。只是我们国内较少有人关注这个东西，总之，如果你想真正地关心这个问题，那么就应该把功夫下在写作环节，而不是投稿环节。如果你在写作环节下了功夫，写出来的稿件质量尚且可以，那么可能你就不需要过多地考虑期刊及投稿命中率这类问题。可能有人会说：我非常关心这个问题啊！我很关心我的稿件投出去以后能不能命中，那么，我可以这样说，你关心的不是投稿命中率的问题，你关心的是你自己的某一篇稿件到底最后能不能被录用的问题，你关心的可能只是这一个问题，而这个问题不是投稿命中率。投稿命中率是一个概率，比如，你一年要写五篇稿子，怎样从整体上提高自己成功投稿的概率，而不是单指投稿的某一篇稿件。

关于投稿命中率到底有多低，为什么低，以及如何去提高投稿命中率这三方面的内容，我相信大家还会有一个疑问：外部的评价我们左右不了，人家如何去评价期刊，编辑如何去评价论文，这个我们可能左右不了，那么在提高投稿命中率这个事情上我们到底可以去做哪些工作？我们努力也得有个方向。我想说，至少有两个方面我们是可以努力去做的。第一，努力去了解、去学习编辑审稿，这点可以归到知彼上来，在了解期刊的基础上你要了解编辑审稿是一个怎样的过程。第二，努力规范化、科学化自己论文的写作过程，用科学严谨的写作过程保证一篇高水平论文的产生，这个过程有规律、有标准，比如，我们实验室这几年在努力做的一个工作就是，让这个标准、这个规律可视化，让大家能够看到，而且能够使用，这是我们实验室这几年来一直坚持努力在做的一个事情。目前我们已经研发出了一系列的产品可以供大家使用。比如，我们的期刊论文目录、写作培训。再比如，我们的期刊研究报告等。我们这里有一系列的产品最终都是围绕着如何提高投稿命中率这个终极问题而设计的。

问　答

Q：能否介绍一些学术写作方面的书籍？

A：有很多人问过我很多次这个问题，我一般是不会给大家推荐这种学术写作方面的书籍的，主要有三个方面的考虑。第一，学术写作方面的书籍其实很多，但是在这些书中，哪些真正地能对我们的论文写作起到帮助作用，这个不好把握。第二，如果我给你推荐了书籍，你真的会去看吗？我对这个问题持保留态度。比如，如果你是一位老师，那么你有上课和科研的压力；如果你是一名学生，那么你有写论文和毕业的压力。在这些情况下，你们领域中的一些书，你都不一定去看，那么，我给你推荐另外一个领域的书籍，你真的会去看吗？我觉得可能性不是很大。第三，如果我真的给你推荐了书籍，然后你也真的会看，那么，它对论文的写作真的就会有用吗？看学术写作方面的书对自己的论文写作到底有多大的用处呢？根据我了解的情况，它的作用是非常有限的，因为学术论文的写作是一件操作性的事情，它不是一套理论，不需要你去研究，只需要我们去训练。学术论文的写作不是一门学问，并没有多少高深的东西在里面，不需要去研究，也不需要你看上一两百本书，来把这个领域参透，它需要的是训练，而不是看书。基于这三个方面的原因，我一般不会给别人推荐这方面的书。当然，如果要推荐，那么肯定也是有的，你可以关注一下我们平台经常发布的一些信息，比如，我们的读书会等，相关书籍肯定是有的，只是我很少给大家推荐。

Q：从哪些方面可以提高文科类的写作技能？

A： 第一，要非常重视论文的形式问题。有很多人不太重视论文的形式要素、形式要求，而是非常重视论文的内容。我想说，形式可以倒逼写作，做学术研究是一个非常自由、散漫的开放式的过程，但是，如果你要把自己思考和研究的东西写成论文，就要遵循学术论文形式上的一些规律性的东西，因为学术写作已经从学术研究中脱离出来了，它是另外一个过程。学术写作基本上已经进入学术传播过程中了，而不再是学术研究的过程，所以你就要遵循写作过程与传播过程的一些东西，从这个角度来讲，形式其实是可以倒逼论文写作的，这能让我们的论文更加严谨，更加能够把想要表达的东西表达到位。第二，了解期刊已经发表的论文也会倒逼我们的论文写作，也就是说，一篇好的论文的产生可能需要三个方面的考虑。第一方面，自己要认真地去下功夫做学术研究；第二方面，要考虑写作与传播的规律；第三方面，要考虑期刊，尤其是考虑已经发表了很多优秀论文的期刊方面的因素，至少你应该考虑到主要因素，这样你的写作投稿才可能会变得越来越容易。根据这个问题，具体到论文写作这样一件具体的事情上，我还想补充一点，你要让自己的写作过程尽可能地科学化，而不要沿用自己以前的写作习惯，因为你以前可能存在很多有问题的、不好的写作习惯。比如，我在给一位同学上课的时候，专门跟他讲，在中国，有很多作者写论文的习惯是，不管三七二十一先写一堆东西出来，但是，等他们可能已经写了很多的时候才发现坏了、不对头，这个时候如果重来，那么之前的所有时间就都浪费了。所以，你要在写作之前，在选题之前就开始规划论文的写作计划、写作过程、目标的分解，要真正地把写作当作一件事去做，而不是把它当作你每天做研究的副产品，把它当作一件可有可无的事情。如果你把它做得可有可无，那么结果可能也是你的论文可有可无。简单来说，论文的写作过程要科学、严谨、合理，而不要凭着自己的习惯去做，因为你的习惯可能是有很多问题的，不要凭着自己的习惯轻易动手。写论文一定要谨慎，不要动不动就写一篇论文出来，写那么多论文做什么，大家每年写三篇，发三篇也是很好的，要写就写好的。

Q：容易被发表的论文的形式和内容都有什么特点？

A：我们每年都会做一项工作，从每年发表在核心期刊上的大量论文中，筛选出一批我们认为具有易发特征的论文。这些论文在选题、标题、摘要、前言、结语、文献、注释、正文结构以及正文结构里的每一部分中都是有共性和规律性的。在这里，我们不展开介绍了，大家可以在我们的论文课程中看到这部分内容的详细讲述，每个学科都有，可以跟我们的工作人员联系，要一下论文课程的链接。另外，你可以参考我们的论文目录——中文人文社会科学论文索引。这是我们自己做的目录，这个目录是一个论文的目录，而不是期刊的目录，跟大家目前看到的目录是不一样的。大家可以跟我们的工作人员联系，要这个目录来看。

在这里，我先总结一下，对很多人来说，投稿命中率是一个问题，很多人对投稿命中率特别感兴趣，但是这件事并不单单是某一个人或某一个角色、某一个身份的事情。比如，投稿命中率既是作者的事情，也是编辑的事情。我们从一个编辑的角度来思考怎样提高投稿命中率，这个努力可能会为自己的期刊培养一大批优秀的作者，提高投稿命中率并不是说要对论文放水，而是说在坚持质量的前提下，把投稿命中率提上去，这其实是在培养自己优秀论文的作者团队。另外，我们以前过多地重视对期刊的评价，而不重视对论文本身的评价，这显然是不科学的，评价论文本身显然比评价期刊要科学合理，但之前我们这个工作一直做得不好，至少国内是这样的。但是，不管大环境是什么样的，对于我们每一个人来说，我们可以这样去努力，因为这种努力会给我们带来非常丰厚的回报，所以我们探讨怎样去提高投稿命中率这个问题，答案可能是作者、编辑、期刊和论文作为一个整体的共同作用。

第二篇

学术性和创新性：学术期刊审稿的两大迷思

➢ 学术期刊审稿的两大迷思

迷思和问题、疑问这些词汇的区别在于：一个问题或者一个疑问的指向其实是非常明显的，而迷思则指几百年来、几千年来一直没有人能够说清楚的东西。施特劳斯说：迷思其实是指在很长时间内积累下来的一个故事、一个神话。在学术写作领域或者学术出版领域存在着两个这样的现象，几百年来没有人能够说清楚，那就是学术性和创新性。

什么是学术性？什么是创新性？可能很多人经常会碰到这个问题，明明感觉自己论文的学术性、创新性还是可以的，但是为什么投稿以后会被审稿人或者编辑打回来，其中有一条审稿意见就是创新性不足。为什么会出现这样的现象？

在关于学术写作的很多词典及理论书上，一般的解释都是，论文就是要把自己的研究成果和学术思想用文字的形式表达出来，这是主流的词典式的解释。但是，类似于这样的解释有助于我们对论文这个词的理解吗？或者说这种解释对我们论文的写作有所帮助吗？实际上，在很多情况下，对词汇的理解、误解对我们的写作与投稿的操作实践不仅没有帮助，反而会导致我们更加迷茫。我们对学术性和创新性的一般理解往往就是教科书式的、静态的、描述式的理解。还有一种主流的理解，比如，对于学术性，有的文献从历史的角度下定义或者是举例式的下定义。再比如，创新性有原始创新，集成创新，引进、消化吸收再创新，自主创新，一共有四种创新，这就是列举式的创新，但其实这是创新的分类，并不是创新的概念，所以你没有办法给它下一个准确的定义，这就导致我们对它的理解非常茫然，这也是我们把它叫作迷思的一个原因。

事实上，关于这两个词汇，一般的理解就是这种让我们越想越茫然的理解方式。事实上，在我们对这两个词汇的认识过程中，不仅有这种让我们越来越茫然的理解，而且存在一个问题，即作者与编辑之间的矛盾，有时候也叫作作者与编辑的陷阱。很多时候，从作者的角度出发跟从编辑的角度出发，对这两个词汇的理解又是截然不同的，而这种截然不同会导致我们的写作跟我们的投稿方向有所偏差。我们经常猜，一个期刊到底需要什么样的稿件，这个期刊编辑到底喜欢什么样的稿件，但是，我们经常猜不准，原因就在于，我们的理解跟编辑的理解是不一样的。我们认为我们的论文创新性很大，编辑却说创新性不足，这就是因为我们从两种不同的角色出发，对学术性和创新性的理解是不同的。所以在我们对这两个词汇的一般理解里，会出现这两个层面的问题：一个就是越想越茫然；另一个就是你怎么想都不是编辑想要的那种。那是因为我们不在那个位置、不在那个角色，如果有一天，你自己做了期刊编辑，相信你对学术性和创新性的理解会与今天你处于作者身份时对这两个词汇的理解大相径庭。很多编辑自己也讲不清楚，何为学术性、创新性，但是他们的理解跟我们的理解是不同的，这个毫无疑问。但是，到底有什么不一样？他们说不清楚，我们也说不清楚，就和我们不能理解这个词汇到底指什么一样，没有人能够说清楚它到底有什么不同。

从传播学角度说，它其实指的是一个信息不对称，而且这个信息不对称是没有办法弥补的。学术投稿的难度，自从十七世纪英国第一本学术期刊出现一直到现在，这个问题就一直没有被解决，未来也不会被解决。为什么这个问题不会被解决，因为如果这个问题得到解决，那么它会违背一个常识。这个问题之所以存在，就是因为期刊的数量比作者的数量要少，所以这个问题才会存在。如果这个问题解决了，也就意味着期刊的数量跟作者的数量要相当，这是不可能的。这意味着人人都要办一本自己的学术期刊，这是不可能的。所以这个看似很简单的问题，其实是不可能被解决的，而且永远都不可能被解决，我把它叫作学术出版领域的一个矛盾律。虽然我们搞不清楚它到底指的是什么，但是我认为我们有办法避开它。

我们有什么办法能够避开对迷思的理解，避开这种茫然的状态？从学术出版的角度来看，我们可以厘清编辑以往筛选出来的、出版发表的稿件有什么样的特征。在学术性和创新性方面有什么样的特征——关于这一点我们可以清楚了解。虽然编辑和作者对学术性和创新性的理解不同，作者和编辑双方也没法讲清楚对这两点的具体理解，但是编辑筛选出来的稿件在学术性和创新性这两个问题上是有规律的。

➢ 创新性迷思

关于创新性的理解，按照创新这个词汇的起源来看，它最先出现在科学领域，后来慢慢扩展到技术领域，它最古老的形态其实还是在科学领域。但是，它在近代以来是真正出现在技术领域的，比如新发明、新技术。如果从它原始的起源来看，创新大概包括四种类型，如前文所述。从学术出版的角度来看，编辑有时候也会解释他对创新性的理解——新观点、新材料、新方法、新视角。一般编辑会从这四个角度解释创新性。编辑认为，你的论文要么有新观点、要么有新材料、要么有新方法、要么有新视角，这种理解对于我们对创新性的理解是有帮助的。但是，这种理解会误导我们，我们一个一个地去拆穿它。比如，你使用了一个新方法，但是你所得出的结论跟别人相同，没有编辑喜欢发表这样的稿子。再比如，你选择了一个新视角，但是也得出一个跟别人一样的结论，虽然你的视角是新的，但是仍然没有编辑会喜欢这样的稿子。

再比如，你有新材料，新材料和新方法、新视角有所不同，因为在很多领域，如果你真的有新材料，那么你的论文真的就是具有创新性的，但这仅局限于某几个特定的学科，比如史学。史学讲究的是有一分证据说一分话，特别注重对新材料的挖掘。当然史学包括各个学科史，也就是专业史，比如，新闻史、哲学史，等等。比如，如果你有一个新材料能够证明柏拉图不是亚里士多德的学生，那你就厉害了。史学是特别注重史料的，与史学相关的亦是如此。比如，与史学相关的考古学；再拓展一点，比如人类学，包括民俗学等；当然也包括社会史、经济史等史学的分支学科；而与史学相关的专门史也特别注重新材料。但是还有很多学科，比如，你是学政治的或者学社会的，然后你研究的又不是社会或政治史，这基本谈不上找新材料。比如，你用一个新材料证明了大家所共知的一个理论，这基本上是没有用的，这个理论既然人所共知，那么它就不需要我们去证明，这样你就算提供了新材料又有什么用呢？但是史学或者跟史学相关的包括专门史，它为什么有新材料就可以有创新，因为史学讲史论、史料、史实，而与史学相关的新材料可以推翻它的史论。但是很多学科在新材料这个所谓的创新性上也是站不住脚的，因为你的研究领域可能根本谈不上寻找新材料。

还有一种，就是新观点。我们分析下来，归根到底就是论文必须有新观点才具有创新性。另外三种中的两个半都有问题：有两个是站不住脚的；还有一个只剩下半个，因为它只适用于某些特定的领域。你的论文如果没有新观点，那就谈不上创新。从审稿人和编辑的角度来看，他们想要的其实是新观点，而不是你的新视角、新方法和新材料。这个写起来确实更难。到现在，应该大部分人都有感觉，我们所讲的不仅不难，而且很简单，近乎常识。但是就是这个近乎常识的东西，它欺骗我们已经好几百年了，导致我们在写论文的时候，明知道在某些领域这种毛病比较厉害，但还是按照这种方式来写。比如说经济学，后来蔓延到管理学，现在国内研究社会学的一些人也有这种苗头，就是不断玩数据、玩方法、玩模型，以为弄上一个数据、弄上一个方法、弄上一个模型，他的论文就非常厉害。这种实证主义的倾向有往其他学科蔓延的趋势，其实你的出发点可能就错了，在你的整个写作过程中，可能有太多精力都浪费在方法和模型上，最后得出一个众所周知的结论。很多论文从标题一直到结论都是常识，仅仅证明了一个众所周知的问题，如果是这样，为什么要写这篇论文？当然，我们也经常讲，一篇好论文也有常识研究，但它是常识的背叛，而不是去证明常识，常识是不需要证明的。如果真的要搞常识研究，那就去推翻这个常识。这是我们关于这个创新性的理解。

➤ 学术性迷思

关于学术性的理解，可能很多人理解起来比创新性还要迷茫。什么是学术性？有深度就是学术性强吗？我经常讲，论文千万不能写得云山雾罩，别人读了半天，头都大得要爆炸了，也不知道你想表达什么。如果你认为这样就是学术性，那会误导很多人。我们到底应该怎么理解学术性，显然学术性肯定不是指它的理论深度。

逻辑肯定是学术性的一个方面。有人问学术论文的写作跟我们以前写作文，写文学作品或者写其他的，比如写工作汇报，有什么不一样呢？这与我们看教科书——书上一、二、三、四、五地没完没了地给你罗列——还是有很多不一样的。但是我认为它最大的不一样可能就是逻辑。比如，文学作品的创作是不讲逻辑的，比如诗歌，如果你写诗歌还要讲逻辑，那么这个领域可能没有人会认为你的诗歌是好的，因为诗歌讲的就是逻辑的跳跃，讲的就是把逻辑观点隐藏起来，所以文学作品的创作不讲逻辑。我们也要聊写作文，除了写议论文讲逻辑外，其他的写作其实也是不讲逻辑的。比如，工作汇报也不讲逻辑，工作汇报讲的应该是跟工作实际的接近程度，但事实上，工作汇报还有一种倾向，就是你写的这个汇报跟领导意图的接近程度。领导到底想的是什么样的，他的工作汇报可能就写成什么样的，这就导致我们的很多工作汇报也是有问题的，根本谈不上逻辑。

学术论文本质上是一种议论文，所以这两个是有相通性的，就是讲逻辑。你从开始说第一句话到说最后一句话，这两句话一定是有所关联的，然后中间就是你的论证过程。如果论文最后的结论部分跟论文前面提出问题的部分没有关联，我们就认为这篇论文是失败的。我举一个国际商务专业方面的例子，我们知道现在有一个词很热，叫作“一带一路”，有人研究“一带一路”，他提出的问题是：“一带一路”对沿线周边国家的经济绩效真的有所提升吗？虽然这个倡议自提出之后，历经的时间还不长，但是我看到现在有人提出了研究，研究什么呢？研究这个政策提出以后的实施，因为我们国家投了很多钱。投了很多钱进去以后，它对周边国家尤其是对我们中国的经济绩效到底有没有提升？第一个结论是：“一带一路”倡议的施行对中国以及“一带一路”周边其他国家的经济绩效是有提升的。第二个结论是：对不同的国家提升的程度不一样。这就是它的两个结论。我们认为它是不需要研究的，因为就算不学国际商务，你也知道这个结论。当然，你要能证明它没有提升，我们认为这比你证明它有提升要好。

在整个大的经济管理学科，有一类研究叫作政策反思，就是从效果的角度反思这个政策。如果你的研究结论是它的效果好，那么肯定不如你的研究结论是它的效果不好，这个也不难理解，我经常说，做经济管理研究的人所研究的主题跟我们的社会生活实际更加密切。比如，对于做文学研究的，虽然我们经常讲文学来源于生活，文学起源于生活，文学离不开生活，但是我发现所有的作家跟我们都不是一类人。我感觉所有的作家都认为自己跟我们正常人是不一样的。你要说艺术家，比如画家，他们的自我认知就更不得了。但是，像经济管理，包括社会学里面的一些分支——民俗学、人类学，类似这样偏社会科学的一些学科，它的研究话题跟我们的社会生活，比如我们日常的工作、学习等是比较密切的。但是这类社会科学，一定不要为政策做注脚，因为它不需要你做。我们的很多权威人士，他们早就做完了，你为什么还要再做一遍呢？很多大专家的资源多、平台多，获取信息比较及时，在政策还没有出台的时候，他们就已经解释完了。因为每一个政策的出台，先会有一个论证，就是这个政策还没有公布，人家都已经论证完了，该发表的东西就已经发表出来了。那么，为什么等这个政策出台了，你要再解释一遍呢？一定不要做，研究社会科学的一定不要为政策做注脚。政策的成立与否或者说累积“政策大厦”有很多砖，不缺你这一块，你就不要再去充当那一块砖了。

我们绕了一个大圈子，其实是讲很多人写论文不讲逻辑，他们从讲第一句话开始就跟坐了火箭一样，一下子就飞到了最后一句话。甚至有更严重的，论文的研究结论早就知道了，然而前面的论证部分还没有，这种情况也很多。

我再举个例子，假设你是做少数民族地区政策研究的，民族地区政策的效果到底怎么样？它的影响因素到底有哪些？你很容易知道它的效果怎么样，就算不写论文也能判断它的效果怎么样。但是如果你在这个基础上开始提对策，开始就怎样提升少数民族地区的社区商业政策的执行效果提出对策，在政策方面给他写个一、二、三、四、五，这样问题就来了。它的效果你是提前知道的，它的对策你也是提前知道的，那么你的问题是什么呢？我们有一个常识，写论文要讲问题意识，我相信虽然硕士生写期刊小论文的经历比较少，但是你会写学位论文。你在写学位论文的时候，所有的导师都会给你大笔一划：写论文要讲问题意识。但如果按照我们刚才说的这种情况，你的问题在哪里？你有结论也有对策，就是没有问题，出现这种问题的人大有人在。论文还没开始写，前面部分的论证还没有，他的结论就已经知道了。这样你还讲什么问题呀？你的问题意识在哪里？这可能就牵涉我们对问题意识的理解了。

关于学术性，我们绕弯讲了这么多，也没有绕明白学术性到底指什么，但是，我们绕了好几个弯至少证明了一点，就是无论你怎么说你都说不清楚学术性指的是什么。但是这并不代表我们在论文写作和投稿的时候，这种模糊的认识会导致我们进行茫然的、模糊的行动，这个没有必然的关联。我们可以避开它，就跟避开创新性一样——我们要有新观点。

我刚才讲了好多学科的东西。其实对于学术性的理解，没有一个导师的观点是跟我一样的，我也认为没有一个字典上面的解释跟我是一样的，但是我认为我这种理解对论文的写作是有很大帮助的。比如，你去投稿，编辑说你学术性不强，但是我们不了解学术性到底指的是什么。遇到这种问题怎么办？或者说很多人在开始写论文的时候也有这个疑问，就是怎样才能把我的论文写得很像一篇论文，而不是一堆大白话的堆砌呢？

你不要讲学术性，你讲专业性，因为学术性你讲不明白，所以你要讲专业性。比如，把“一带一路”作为我们的研究对象，同样是研究“一带一路”，我相信不同学科的人写出来的论文肯定是不一样的，这是专业性，显然不是学术性。但是，我们在理解编辑或者审稿人的意见时，他们说你的论文的学术性有问题，甚至直接说你的论文学术性不强，不是一个学术论文——有的比较狠的审稿人就是这样说的，直接说你不是一个学术论文。在这种情况下，你就可以理解成，他指的是你的专业性突出得不够，你一定要让别人看出来你学的是什么专业，不用把它弄得太复杂，你弄得越复杂，你会越迷糊，这样理解就行了。比如，学经济的就一定要用到经济领域的专业知识、专业理论；学政治的就一定要用到你的政治理论；学文学的一定要用到你的文学理论。当然，学文学的人不擅长用理论，而学哲学的人张口闭口就是理论。在人文学科里，艺术是最不讲理论的，其次就是文学。比如，学文学的人写论文往往是这样的，以对莫言的作品研究为例，比如《〈蛙〉的叙事策略研究》，再比如，《〈蛙〉的意象研究》，名为研究，其实你写的是一篇读后感，谈不上是研究，好多文章连书评也谈不上，真的就是读后感，上中国知网（简称知网）搜一下，你就会发现书评也谈不上。因为一篇严谨的学术书评，它要在评论对象的基础上表达出自己对这部作品的观点。一篇好的学术书评，至少要做到这一点。但你写一篇《蛙》的读后感，你的观点是什么？你的观点无非就是：好！这部作品真好。如果你的观点是这样的，那你写它干什么？但是你通篇不都在说它好吗？我知道学文学的人很容易犯这样的毛病，只不过有的人说它的语言好，有的人说它的结构好，有的人说它的意象好，反正你在说它好。好坏与否，读了才知道，因为你读了，你觉得它好，所以你写的是一篇读后感。

论文的写作要讲逻辑，如果你要写一篇以“莫言作品就是好”为观点的论文，怎么办呢？我们写论文、议论文，都知道要有论点、论据和论证。你要讲莫言的作品好，这是你的论点，那你的论证在哪里？你的论据在哪里？如果你认为他的作品好，不管你说他的语言好还是叙事好，那这只是你的论点而已，你不要通篇都在阐述这个论点，你要提供论证的过程，你要提供足够的、有力的论据才可以。没有论证和论据，你的观点就不能成立，所以有一个成语叫作“文人相轻”，为什么文人相轻呢？因为文人不讲逻辑，只讲自己的判断、自己的感受。我们有时候看到哲学史，或者说在社会科学的历史上这种经典的学术论争的案例有很多。你会看到人家说一加一等于二，然后又来了一个人，他说一加一不一定等于二，然后，就是一加一等于二或者不等于二这种问题，他能够给你写出很多论证。虽然说一加一不等于二是违反我们常识的，但他能够通过列出论证来讲通。因此，学术论文的写法不能跟文学的写法一样，通篇说一加一不等于二！这样会导致通篇丝毫没有说服力。

关于创新性和学术性的理解，我总结了两句话，这两句话一定要记住：创新性指的是新观点，其他的都是胡扯。学术性指的是专业性，其他的都没有用处。讲这么多无非就是为了论证我的观点，我这观点不见得是对的，也不见得有多么大的用处，但是大家可以试一下，尤其是在开始写作时，在应对审稿人或者编辑的审稿意见时，大家可以试一下。

➢ 编辑-作者冲突下的学术性与创新性

编辑跟作者由于身处的位置、角色不同，导致各自对学术性和创新性的理解不同。虽然这点刚才没有展开论述，也很少有人真正能够了解，但是两者肯定是不一样的。我有一个师兄，他是硕士，后来去做了期刊编辑。他就跟我说，自从当了编辑以后，我才知道什么是创新性。我接着就给他来了一句：其实你当了编辑以后，你也不知道什么是创新性，你只不过是当了编辑以后对创新性有了一个新的理解。因为你的角色变了，你从原来研究者或作者的角度去理解，转变成从一个编辑的角度去理解。为什么当了编辑以后，他对创新性的理解会发生变化？我说一个通俗易懂的理由，70％的作者一年只写一篇论文，20％的作者一年能写二、三篇，不到10％的作者一年能写三篇以上。比如，我们前一段时间邀请了一位李老师来做讲座，他一年发五篇C刊论文，我不知道大家对C刊论文都有概念吗？一年发五篇，博士期间一共发了十五篇，其中三篇被人大书报复印资料全文转载，他的导师都做不到他这个程度。后来有一个人跟我说，这算什么呀？这个人是山东财经大学毕业的，他的硕士学位是在山东财经大学读的，宿舍里面一共六个人，六个人里出了四个博士，还有两个出国了，他们宿舍确实是很牛的。他们的博士还不是一般的博士，都是考的国内财经领域的顶尖学校，比如中央财经大学。在硕士阶段，这个宿舍里面发C刊论文最少的是四篇，他发的比较多，他用前两年的时间发了十二篇，第三年准备出国，就准备雅思和各种考试了。他利用两年的时间发十二篇，这是很多副教授梦寐以求的成果，很多副教授包括很多教授跟我说，两年我发两篇就行了，不用发十二篇，发一个零头就可以。我认为他这个情况是很可怕的，如果所有的人都出现这种情况，那我们这个社会就疯掉了。但是在他身上，肯定有一些东西，我认为是值得我们学习、值得我们分享的。为什么有很多人，同是四年都要延期，人家硕士两年能发十二篇C刊论文？我认为应该不仅是勤奋和懒惰的问题。

当然，我们只是从结果的角度来考量。我们不是说这个人多么厉害，这是两码事。我们只是说他发的论文数量比较多，跟这个人的学术水平多么高或者厉害是两码事，这是不能混起来谈的，我认为这个人学术水平也就一般，不见得很厉害，他不过就是会写作、会发表而已。会写作、会发表，与这个人的学术水平有多么厉害是两码事。相反，很多学术水平很高的人不写论文。

那么，编辑-作者冲突是指的什么？它本质上就是一种信息不对称。它就是由于信息不对称导致的编辑跟作者对许多东西的理解不同。比如，你觉得你的论文已经写得很顺畅了，前面提出问题，中间分析问题，后来得出结论，最后给出对策。你认为你的论文已经写得非常完美了，但是编辑就跟你说，你把它倒过来，你开头就要亮剑，你不要把最核心的东西放在末尾，这是为什么？因为我根本就读不到你论文的最后。在新闻学里，这种结构叫作倒金字塔结构。学新闻的人对编辑这种开头亮剑的写法，特别容易理解，也特别能够适应这种写法。不学新闻的人，可能不能很好地理解为什么开头就要亮剑。不学新闻的人可能适应不了，认为不管从哪个角度来讲，我都不能够开头就亮剑，因为我的论证，得一步一步求证，得有一个过程，最后才能把结论亮出来。但是新闻稿件都是倒金字塔结构的。

如果你的论文的创新性有两个甚至是两个以上，我们认为你这个论文是不可取的，论文的创新性无非就是一个。写学位论文可以有多个创新性，因为学位论文的创新性可以有很多，新方法、新视角、新理论基础，甚至新材料，虽然学位论文里没有新观点属于少数，但最后的结果就是，你的论文没有真正的创新。

一篇论文只能有一个创新点，但是如果你把创新点写到最后，从学术传播或者从学术出版的角度来讲，非常明显，这会影响到你这篇论文的投稿命中率。它之所以会影响投稿命中率，是因为审稿人的审稿过程，这个过程叫作三审制。我们说三审制，其实还是在吹捧它，国内很多期刊其实谈不上有三审制，其实就是家长制。但我们姑且认为大家都是向着好的方面发展的，所以我们讨论三审制。三审制是指：第一审是编辑，也叫初审；第二审是审稿专家（俗称审稿人）；第三审是主编，有时候是社长，不过一般都是主编。你如果不在开头亮剑，那么第一关就过不了。为什么第一关就过不了？我们刚才讲了为什么当了编辑以后，对很多东西的认识就发生了变化。我们刚才讲到，一般作者一年写三篇以上论文的也就不到10%，但是，如果一个编辑一天看50篇稿子，他就会很高兴，因为一般情况下没有这么幸运，尤其是有一些好的期刊。曾经有一本期刊的编辑对我说："我们每年能接到大概3 000篇左右的投稿，正常情况下除去开会交流、学习等工作，假如每年能够有150个工作日用于审稿，那就是平均每天需要看20篇稿子，但实际上我们每天仔细看5篇稿子就已经很累了。"我又问："投稿方式有多种，比如纸质投稿、邮箱投稿、系统投稿等，这些不同的投稿方式是否影响审稿呢？"他说："我只看我的邮箱，别的渠道我也看不过来。"虽然编辑只看他的邮箱，但实际上除了他的邮箱外还有很多其他来源的投稿，我们会发现他如果真要看根本看不完。其实我想表达的是，作为作者，一年你才写一、两篇，可是编辑一天就看好几十篇，所以对创新性的理解当然是不一样的。

我再举一个例子，有些女生毕业以后甚至是还没有毕业，就已经有男朋友了，毕业以后会结婚、生孩子。生孩子是一个非常高尚的事情，我非常崇拜女性的一个原因就是女性会生孩子，而男性不会。但是，如果你生上十个孩子是什么感觉？我认为在社会学里，这会是一个很好的选题。比如，跟我年龄差不多的人，现在有的准备要二胎，有的准备要三胎。要一胎的时候大概生个孩子至少得花个十万元，这部分钱到底花到哪里去了？他买什么东西都买好的，比如要去月子中心坐月子，要请月嫂，等等。要二胎的时候，他们说最起码月子中心就不用去了，在家就可以。等到要三胎时，以前的婴儿车、小床、衣服都还有很多，就不用再买了。如果你生十个试试，你的想法肯定有变化。

编辑就是因为看稿子看多了，所以他对创新性、对学术性的理解会不同于我们的理解，而这种理解，如果我们不当编辑，我们可能永远理解不了，这就是信息不对称。

讲到这里，关于对创新性和学术性的理解，我得出的结论是：把学术性和创新性忘掉，不要考虑这两个问题，因为信息不对称，不可能会出现人人都办一本杂志的局面，所以就不用考虑它，因为你考虑它也解决不了问题。

➢ 学术期刊是期刊，学术论文是论文

学术期刊是期刊，学术论文是论文。可能有人觉得，学术期刊不是期刊，学术论文不是论文，那是什么？其实，我想表达的意思是：学术期刊不是学术，学术论文也不是学术，这二者都不是学术，因为学术期刊是期刊，学术论文是论文。回想一下，在你的印象中学术期刊是什么？学术论文是什么？你有没有想过学术期刊不是学术，学术论文也不是学术？如果真的能理解这句话，我认为你对期刊和论文的认识真的会有一个质的飞跃。而很多人忽略了这个常识，比如，前两天我和我的一个学生讨论他的选题，他是研究思想政治教育的，我就纠正了他的一个观念，我说思想政治教育不是政治，也不是思想或思想政治，它是教育。我这个观点一下子更新了他的观念，因为很多年以来，他都认为思想政治教育是一种政治，我相信在很多人的头脑中都认为思想政治教育是一种政治。

很多人都认为学术期刊是学术，学术论文是学术，这明明是一个偏正短语，前边的词汇明明是修饰后边的词汇的，但是你为什么要颠倒过来认识？为什么在我们的印象中是颠倒的？我们为什么会认为学术论文是学术，甚至认为学术期刊也是学术？我花了好长时间来考虑为什么大家会有这样的印象，这种印象很不好，因为它会影响我们的写作，影响我们的投稿，会把一大批原本有志于走学术道路的年轻人吓跑，为什么现在硕士考博士的比例很低？当然高了肯定也是不正常的，但我认为现在的这个比例太低了，当然它有很多原因，比如对教育的失望，对博士毕业以后出现的种种情况的考量，包括就业。但是，我认为还有很大的一个原因，就是他们是被学术这个词给吓跑的，他们觉得搞学术太枯燥了，就和学术论文这个词一样，明明是四个字，但是他就看了学术两个字，没看论文两个字，吓得不得了。

学位论文是必须写的，要不然为什么读研究生呢？应当好好做研究，好好写论文。导师明明是让你好好写论文，但是你就理解成了搞科学研究很难。为什么你会理解成搞科学研究很难？为什么认

为走学术道路很难？你的导师只是要求你写论文而已。很多博士生也在这个圈子里面跳不出来，你不就是要写一篇十万字以上的学位论文和两篇C刊论文吗？为什么变得头大？你只是写论文而已。搞学术研究是一辈子的事情，你不可能在这几年之内，真正去搞学术研究，一定不要认为自己已经在做学术研究了，你现在其实只是在做学术训练，这也是我经常讲学位论文和期刊论文的区别：期刊论文考论文，学位论文不考论文。期刊论文按照严格的学术期刊审稿，是要双盲的，双盲就是别人看不到你的名字，你的论文最后能不能用，纯粹靠论文本身；而写完学位论文，在进行论文答辩的时候，我们面对答辩老师的第一句话就是"老师好，我是×××"，所以说学位论文考的是人，它不考论文。你真的认为答辩老师他对你的恭维话是真的吗？我很怀疑。我认为因为答辩老师都是你的导师请来的，他们只是给你的导师面子而已，这主要表现在两个方面：第一，有的答辩老师可能根本就没有读过你的论文，这种现象不在少数，虽然近几年这种现象有所改善；第二，有的答辩老师在读了你的论文以后的反应是"还是一个学生嘛!"你让他有意为难学生也是没有必要的，差不多就行。我们硕士答辩更是这个样子，博士答辩会好一些，因为十几万字的稿子厚厚地摆在那里。所以不管是我们自己的意思，还是答辩老师的意思，学位论文都是在考人，因为你进答辩教室的时候，你是带着你的脸去的，你的论文在后面或者在下面，你进去之后，他们第一眼看到的是你的人或者你的脸，而在这个刷脸的时代，脸很重要。我这样讲，相信大部分同学都明白了，因为学位论文答辩的时候它更多讲的是：哦！这是×××的学生。我们说来说去，好像你的答辩跟你的论文真的关系不大。比如，导师问你一个问题，然后你懵着头在那儿回答，你答完出来以后，别说你的回答了，连导师问了你什么，你可能都会忘记。答辩就是这样的，老师问的，学生答的都不知道，最后的结果就是"好，很好，你的论文不错"，然后导师见面以后就会相互讨论你那个学生很好。但是，期刊论文就不是这样的了，因为他不知道你是谁，你是谁的学生他也不知道。如果他知道，那么我们把这种情况叫作人情稿，这是不正常的，而在正常情况下他是不知道的。

我们刚才由期刊和论文的问题延伸到了学位论文和期刊论文的问题。我们再回来讲期刊论文是论文这个问题，我们讲再多遍也是这句话：期刊是期刊，论文是论文。那么具体到我们的写作和投稿，会有什么样的影响或者有什么不同？它的不同在于，之前我们对学术期刊、学术论文的理解是静态的，那么在我们认识到期刊是期刊，论文是论文以后就会发现，从学术研究到学术论文，再到学术期刊，它是有一个过程的。我们把这个过程叫作学术传播。这个过程涉及很多环节，涉及很多角色，如果按照原来的理解，认为学术论文是学术，你就始终是一个研究者的角色，做学术研究讲的是兴趣和自由，虽然现在真的是出于兴趣、出于自己的爱好去进行学术研究的人很少，但是我们不能否认，真正的好的学术研究都是基于兴趣和自由才写来的，否则研究出来的成果就会打折扣。但论文不是这样的，期刊更不是这样的。现在越来越多的人开始研究报纸编辑，在过劳死职业排名中，记者、编辑排最前列。你要问做一名编辑幸不幸福？他就会跟你说别的，他不会跟你讨论这个问题。因为自己做这份工作，自己才知道到底幸福还是不幸福。学术期刊的编辑也是这样的，当然，学术期刊编辑有职业荣耀，就像记者也有职业荣耀一样，虽然很苦很累，但是愿意做，就是因为他太爱这份职业，他不得不掩盖掉这里面的辛苦和劳累，因为有的人就算是再苦、再累也要做，所以我们认为他太高尚了。但是你不能光看到他职业荣耀的一面，而不关注他喊苦喊累的一面。

在学术传播过程中，我们从写作和投稿的角度来讲，你们一定要转变看法：期刊就是期刊，论文就是论文，二者都不是学术。我们在写论文的时候，你一定不要怕，因为你写的是论文，写的不是学术。很多人在硕士阶段写个学位论文都怕得不得了，这都还没让他们写期刊论文。我研究过学位论文和期刊论文的难度，两者的难度大概相差 3～8 倍，所以说，你要是按照期刊论文的要求去写博士论文那就麻烦了。为什么在国外读博士学位会很累？导师为什么要求你一年要看300本以上的书？因为那是在做学术。而我们只是在写论文而已，那你怕什么呢？导师也没逼着你，一年非要读300本书，为什么怕呢？况且，学位论文又不管你的论文写得怎么样。怕期刊论文是有道理的，因为学术投稿，就是一个黑洞，你看不到结果是什么样的。

我前两天看到一个关于长得不是很白的小女孩的笑话，别人让小女孩用点美白的东西，把自己变白一点，俗话说"一白遮三丑"，而我觉得小女孩的回答很好，因为她的回答里蕴含的道理非常深刻，深刻到接近于一个常识。这个小女孩的回答是："我又不丑，为什么要那么白呢？我为什么要用很多你们用的东西变白变漂亮呢？"我觉得可以把它写成一篇论文，这是一个很好的选题。小女孩说得很对，把自己变白，无非是想让自己更漂亮，人家说我已经很漂亮了，我为什么要变得更白。多好的论文选题，写论文要写这样的论文，这个世界上没有多少东西是可以去研究的，也没有多少东西值得我们去研究。那么，有为数不多的值得我们去研究的几类东西就是有用的和有趣的。

在这一部分，我的观点其实很简单，简单到接近一个常识，就是期刊是期刊，论文是论文，它们都不是学术，所以你不要怕。它既然是论文，那你就写论文，不要写学术。你要知道论文应该是什么样的，论文的要求是什么。如果你不知道论文的要求，那你怎么去写？所以，你要知道论文应该是什么样的，好论文和不好的论文的区别是什么？你要知道它们的区别才有可能写出一篇好论文。不过你要知道期刊编辑眼中的好论文应该是什么样的，因为你只有知道了这一点，才有可能写出一篇能够发表的论文。如果你不知道，那你所写的论文的投稿命中率就会很低。反之，如果从开始你就知道期刊编辑想要的论文是什么样的，那么你的论文的投稿命中率就会大大地提升。这就是我想讲的"期刊是期刊，论文是论文"在写作和投稿过程中的用处，你要写一篇真正的论文出来，而不是写一篇很学术的东西。

编辑是人，不是神！那么什么样的稿子是好稿子呢？我们讲逻辑、讲推理，一起试着推理一下。编辑是人，这是第一个分句，在哲学里面，逻辑就是这样的：编辑是人，我们也是人，所以我和编辑都是人。然后，我们再回到编辑和我的上层概念——人。什么样的稿子是好稿子？个人认为好的稿子它就是好稿子。我们倒过来推理，因为编辑是人，人认为这是一篇好稿子，编辑认为这是一篇好稿子，我们也认为这是一篇好稿子，由此推导的结论是：你认为稿子好，它就好。我经常说，你觉得这篇稿子好，那它就是一篇好稿子，有的人觉得我在开玩笑，其实我真的不是在开玩笑。你的稿子投出去以后，为什么投稿命中率很低呢？因为你自己也知道你的稿子里面有很多不好的、你自己没做到位的环节，你甚至为此做了很多伪装的东西。比如，你的数据造假，再比如，你在论文里面拼命地说，某位知名人士说过什么，你不断地引用那些大专家说的东西，无非就是因为你想试图掩盖和弥补自己稿子里面不好的地方。

问　答

Q： 我是管理学院学人力资源的，我们这个领域现在基本上就是研究 OB，就是组织行为学，研究人类的一种行为，再去预测人的行为，最终是一种干预人的行为。但是，我们现在主要的研究方法跟您说的一样，就是弄一个自变量，然后整合起来，这样就以为自己搞得特别高、大、上了；之后再做一个实证，比如，一个调查问卷，去验证我们提出的假设。但是，您刚才说这种方法不是一种特别科学的方法，是一种大家都研究滥了的方法。那么，在您看来，我们的这种研究怎样才能脱颖而出呢？

A： 这位同学提出的问题应该是经济学专业，也包括一部分管理学专业中的很多人所面临的一个问题。我们认为经济学是建立在数学的基础上的，或者说是建立在统计学的基础上的。但是，在经济学专业发展的过程中，有一个东西没有得到很好的继承——数学不仅是数字、公式，它还有一个方向叫数理逻辑，而由数理逻辑可以延伸出来一些内容，比如，数学精神、数学思想等。我们看到很多好的数学家，其实都有非常深厚的人文功底。我在之前工作的时候，采访过一位中科院海洋所的院士，他写了一手很好的毛笔字；同时，他也会写诗。但是，他的研究领域是什么呢？他是研究钢铁防腐蚀的，比如，海底隧道里面都是一些钢铁结构，怎样才能够保证钢铁在海底长时间都不被腐蚀呢？这位院士研究的就是这个。当然，他也是因为研究钢铁防腐蚀，所以才当上了院士。在一开始，中科院里只有他一个人研究这方面的内容，但他的人文功底是非常好的。

其实搞数学的真正想做好研究，都是要有很好的人文功底的。延伸到经济学领域中来看，你是搞人力资源的，人力资源属于管理，不属于经济，但是管理受经济学科的影响太大。原来，管理不是这样的研究思路，比如，20 世纪 50 年代以前，管理与经济的分界非常明显。20 世纪 50 年代以前有一批人，也就是你在你的管理学原理里面所了解的那一批人很厉害，比如，现在大名鼎鼎的泰勒，以及泰勒之前的那些人。当然了，泰勒给我们开了一个很坏的头，他把管理学引向了量化。当然，引向量化的人不仅是泰勒，还有很多人，但是在这之中，泰勒的影响很大，他的一个词把我们所有人都束缚住了，就是绩效考核，现在我们所有的人都被套在绩效考核这个词里边，出不来了。但是，原来的管理靠的不是绩效，靠的不是量化考核，那么，为什么现在会变成这个样子？为什么变成了所有的东西都离不开数字？

比如，这位提问的同学刚才要表达的意思就是，如果我不动数据、不动模型，那我还能做这个研究吗？我想说，肯定是能做的。在十几年前搞经济学的人，做这个量化研究是很吃香的，那时，别的学科的人看到量化研究，羡慕得不得了，所以很多人都开始去学，一直到现在都有很多人在学量化研究。他们明明不是学经济学的，却非要去学那些数据处理软件，难道不头疼吗？虽然我也是学经济学的，但是我看了也头疼。为什么非要那样做呢？在 2014 年前后，国内有 65 家 C 刊在沈阳开了一个会，后来形成了《沈阳宣言》。《沈阳宣言》的主要精神只有一条，就是我们要拒绝没有思想的量化研究，它的主要精神就是这么一条。从那以后，所有的只玩数据、只玩模型的论文就开始慢慢地不吃香了，开始慢慢变得难发表了。原来不是这样的，在这之前，大家一看这样的论文，就觉得真好，真高、大、上。为什么？因为看不懂，不知道这个模型是怎么弄的，也不知道为什么弄一个数据，最后就出来了一个结论，大家都看不明白。但是，为什么到了后来，国内的学术期刊就开始反对量化研究了？当然，不是所有期刊都反对，其实到现在为止，也有一些期刊对量化研究特别青睐。但是，很多期刊已经开始反对这个东西了，原因就在于用量化研究的方法研究来研究去，你只是在那儿玩数据、玩模型而已，根本没有用。

那么，什么样的论文是好论文呢？有用或有趣。你大把地玩数据，最后你玩到把自己都玩疯掉了，也没有用，也没有趣，只是为了数据而数据。我想表达的意思其实是，你不能为了数据而数据，你要做有思想的量化研究。你的那个量化研究为什么靠不住？因为你的那个量化研究有很多前提性的假设条件，你必须要控制很多的变量，才能讨论某一些变量，但实际上，这是不可能的。这个社会很复杂，所以就会有人怀疑你的这个模型，怀疑你的这个结论，因为你做了很多前置性的假设，你控制了很多变量，而你的这种控制是没有意义的。你控制了一个变量，再去研究另外的变量有什么用呢？因为我们现在的生活不是这样的。

Q：您刚才提到的写论文的有用和有趣两点，如果从论文发表来看，有用和有趣，哪一个是更重要的？站在编辑的角度上来说，有用的论文更容易发表，还是有趣的论文更容易发表？我估计如果作为前提来看，期刊可能会更看重有趣。如果是站在学术层面来看，期刊可能会更多关注有用的论文。所以，我想问的就是：这两个哪一个更重要？

A：关于刚才这位同学提问的关于有用和有趣的问题，我认为，最理想的状态当然是有用和有趣同时具备，这当然是最理想的状态。但实际上，这是很难做到的，你的研究只具备有用或有趣两条中的一条就可以了，但这位同学的疑问是：这两者有没有哪一个更重要或者说是更能够获得编辑的青睐？两者之中，当然有一个是更重要的。可以这样说，如果你的研究只是有用而没有趣，那么你的论文其实就比较危险了。但是如果你的论文只有趣而没有明显的有用性，那么从投稿发表的角度来讲，这种情况比前面的那种情况要好一些。为什么呢？原因不难理解，我们从纯粹的做学术研究的角度来讲，有趣就是有用的，因为学术研究讲的是兴趣和自由，这是第一个原因。第二个原因，有用的东西已经研究得太多了，而你怎么研究都很难超越你这个领域里的大专家的那篇文章，所以你想从有用这个写作取向上去下功夫，难度显然是非常大的。我们做选题的时候会发现，怎么做个傻瓜的选题都有人研究过？想选一个没有人研究过的选题太难了！所以，我刚才的观点就是，这两者其实还是有所偏重的。那么，从编辑的角度来讲，他看了 100 篇稿子，都是有用的，突然来了一篇有趣的稿子，又不是很差，又能够讲得通，还有理论、有方法、有论证、有过程，观点能站得住脚，这就不错了。

Q：医学方面的文章是什么样的？编辑会更加青睐什么类型的文章呢？

A：医学类的论文有两种取向：一种取向是真正地出数据。这位同学是做医学偏自然科学方向的，这个方向就大了，因为在你们这个领域里，医学的人文社会学只是一个小小的分支。在偏自然科学这个领域，一个努力的方向就是正儿八经地做数据，但是你自己肯定知道这是很难的。想要做一个新的数据出来，要重复多少遍的试验才能得出一个新数据，这是很难的。尤其是想要自己的数据比别人已有的数据表现得更好一些，这个难度就太大了。你们的导师这么多年来有几个这样的数据啊？这个取向就是很难的，但是这个取向是一个真问题，是容易出真问题的。这个领域其实是不讲学术的，讲的是科研，学术是人文社会科学里面的一个词语。但是，你不能只讲科研，你还要考虑一些现实的因素，你要把他写出来，你要发表，你要毕业或者你要评上职称，你还要考虑很多的现实因素，所以你要考虑你的论文写出来以后，能不能发表。这个时候，我建议你可以把自己的努力方向稍微往回走一走，把重点放在你的选题上，而不是数据上。如果你做的是一个新的选题，那么你的数据也是新的；如果你做的选题是一个旧的选题，那么你想要得出一个新数据是很难的。放在选题上来看，比如，我见过有人研究“幸福会不会影响健康”的问题。这位作者从医学的角度给出了一个非常专业的回答，他的结论是“幸福与健康关系不大”。但常识是，如果一个人长期抑郁，那么这个人最后是会死掉的。而他的研究结论是幸福与健康的关系不大，这位作者真的是通过一步一步得出的数据，最后才得出来这样的一个结论，他并不是胡说八道。当然，我们可以反驳他的观点，但是他的这篇论文至少没有什么问题。也就是说，还是要在选题上下功夫。但是，因为你们自然科学领域有一些研究方向就决定了你们不会去写这种非常大众化的选题，在这种情况下，你就要考虑你们这个学科的情况。

按照我们的标准，评价一个选题好不好有 17 个指标，其中有一个指标是讲选题的公共性。对文科的同学来说，公共性这个问题是比较容易解决的。但是对理科的同学来说，你们可以适当地去考虑自己所属学科的公共性，就是你所做的这个东西属于你们学科大部分人都关心的一个方向或一个选题，而不要去做一个只有自己感兴趣的内容，或者本来就很少有人会对你所做的东西感兴趣的内容——这个内容可能很关键，但是感兴趣的人很少。我们刚才讲到“期刊是期刊，论文是论文”，它们都不是学术，用到你这个地方，其实也是能讲通的。你的这个东西如果创新性真的非常大，那么发表的难度也是非常大的。论文的发表难度跟我们通常意义上理解的创新性是成正比的，这个可能不是很容易理解。给大家举个例子，我不知道你们对自然科学史上的名人，比如像牛顿、爱因斯坦这种人的论文发表史有没有了解过。比如，爱因斯坦的相对论、牛顿的万有引力，等等，他们的这些论文在当时发表的时候，难度是非常大的。因为他们的研究都是一种极致的创新，是一种颠覆性的创新。我举这样一个极端结论的例子，想表达的意思是，如果你的论文创新性特别大，那么，你的论文发表的难度也是很大的，推到极致来看，像爱因斯坦的相对论，都是过了多少年以后才被大家公认为是一篇好论文的。

所有的期刊都是保守的，这是媒介的本质。当信息进入一位记者、一位编辑的视野之后，它就已经是过时的了，因为记者、编辑本身就是信息的二道贩子，这是我们从媒介本质的角度来理解的。所以，你的论文是不能有极大的创新的，这个观点可能跟你们导师的观点是截然不同的。因为所有的导师都会教自己的学生：我们要创新，一定要创新。但是，如果要考虑论文发表的问题，你就要控制创新。我认为这个观点在文科和理科都是通用的，因为极致的创新都是在自然科学领域中的，文科谈不上创新。

第三篇

利用学术八股倒逼论文写作与文献阅读

本章内容主要分成三个部分：第一个部分是我们关于学术八股的理解。第二个部分是学术八股与论文写作和文献阅读的关系。根据研究，我们认为学术八股中的很多要素跟现在的学术论文是可以对应或匹配的，而且，学术八股中的很多关键要素可以对应现在的学术论文写作，在某种程度上，也可以驱动我们的文献阅读。第三个部分是我们通过学术八股的基本要素，可以看到学术论文的易发表特征。

➢ 关于学术八股的理解

从古代的角度来讲，八股其实是指基本的人文。因为古代的自然科学和社会科学是不发达的，所以八股主要是指人文科学。八股只是一种基本的写作形式，尤其是在科举考试中。但是，八股这个词，在现代视野中变成了一个贬义词。事实上，我们客观地讲一下，八股不管作为古代科举用的文体，还是我们现代的论文，都只是作为文章的一种写作方式，无所谓好坏，无所谓褒贬。但是为什么八股在我们现代的理解中会成为一个贬义词？因为八股在我们的意识中已等同于极度的形式主义。北京大学著名人文学者钱理群先生有一篇文章，讲的是学术八股扼杀创造力，这篇文章是针对当前国内的研究生教育发言的。钱理群先生是反对学术八股的，他认为学术八股极大地扼杀了广大研究生的创造力，这是他在这篇文章中表达的主要观点。但是，我们超越形式的桎梏，应该思考的是形式之外的内容，或者说思想，也就是我们在自己的文章中所要表达的核心学术观点，我们更应该思考的是这个。我们应该进一步思考，我们的学术观点和内容与八股的形式到底是什么关系，而不应该盲目地、想当然地去反对这种形式，包括现在的新学术八股，有的人称其为洋八股。

前一段时间有一个古代状元的试卷（见图 1）在网上广为流传。有人分析完这张图片后认为，这篇八股文背后的内容或思想是非常值得现代人关注的。但是，由于我们过度地、盲目地、不假思索地去反对八股这种形式，导致很多古代八股文里面的一些好东西被我们忽略了。

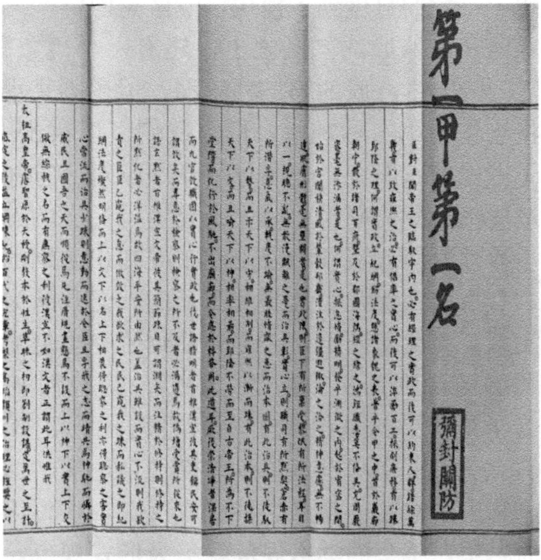

图 1　（明）赵秉忠状元卷

对学术八股的另一种理解，就是洋八股。在这里我引用了武汉大学杨军教授的一篇文章，杨军教授反对的主要是洋八股，那么，什么是洋八股呢？杨军教授在他的文章里面列举了一些社会科学、人文科学的例子。他认为，在社会科学领域中，我们过度引用了西方的一些概念、理论和模型。我们还有一个词汇：模仿式创新。在科技里面，模仿式创新没有什么问题，但是在人文科学里面，模仿式创新能不能成立？杨军教授在这篇文章中也做了简单的探讨。事实上，我们可以通过杨军教授文章中所批判的现象来反思一个问题：如果我们不用西方的概念，不用西方的理论，不用西方的模型，试想一下我们还能不能写论文？事实上，在社会科学里面，很多人离开了西方的概念、西方的理论以及西方的知识结构后，他们就不会写论文了。这也可以从侧面解释为什么在国内的文科缺少真正的理论创新，因为我们的整个知识结构、知识体系、知识生产就是架构在西方知识基础之上的。我们的模仿创新已经有很多年了，但实际上我们只有模仿，没有创新。事实上，有很多人批判国内的文科创新问题——我们只做到了模仿，没做到创新。

在古代八股和洋八股的基础之上，还有一个现象——新八股。我本来想把它列为学术八股的第三种解释，但还不是很成熟，所以我没有贸然将它作为第三种理解，但是我们可以讨论一下新八股。新八股超越了古代的八股文，也超越了洋八股对西方知识框架的过度依赖，但最后沦为我们硕士、博士研究生写论文的工具，沦为对导师的或者是导师所属或引领的理论流派或知识派别的尊重。从现实层面考虑，有很多因素我们是改变不了的，但我认为，这个现象值得我们去注意。在此基础上，它会关系到研究生怎么写论文，也会关系到导师如何评判论文的问题，最后沦为我们所谓的学术规范、形式规范，其结果就是出现了一大批有概念、有理论、有模型、洋洋洒洒二三十万字却没有观点的模式化论文。这些论文没有问题，但也没有表示对某一观点的赞成或反对，在整篇论文中，没有看到作者的思想，整个的学术规范就沦为形式规范，失去了对内容、对学术观点的关照，这是现阶段应引起我们注意的新八股现象。

➢ 古代八股与论文写作、文献阅读的关系

在古代八股与论文写作、文献阅读的关系中，我简要地把古代八股中的所谓八股，和现代的学术论文以及文献阅读的基本要素做了一些简单对比。事实上，大部分现代人虽然反对八股，但是你如果问他们八股是什么，我相信大部分人是回答不了的，他们并不知道八股是哪八股，但是在不知道反对对象到底是什么的基础上仍然去反对它，由此可见，我们现在对八股的研究或讨论并不严谨。八股其实比较简单，在这里，我对八股做了以下分类：第一类包括四个要素：破题、承题、起讲、入手；第二类包括三个要素：起股、中股、后股；第三类叫作束股。这就是八股，也就是我们经常反对的八股的内容。

八股的内容所对应的是我们现代学术论文的基本要素，包括形式要素，也包括内容要素。事实上，经过考查发现，在古代，八股虽然更多的是一种形式要素，但是对应我们现代的学术论文，它却成了学术论文的内容，它对应的是内容要素。所以，现在的学术研究盲目地去反对这种学术上的形式要素，盲目地去反对八股是没有道理的，因为它所对应的并不是学术论文的形式。比如，“破题”所对应的是论文前言所交代的研究必要性这个话题，“承题”所对应的是前言中提出自己研究问题的部分，“起讲”所对应的是文献的两个环节，“入手”对应的是论文写作的前言的最后一个环节。在前言中，我们常用最后一两句话交代一下本文的思路，本文的框架、研究方法和想要达到的研究目的，这在古代的八股文中叫作“入手”。“起股、中股、后股”这三股对应的是现代学术论文里面的主体框架，就是我们经常讲的三段论。“起股”对应论文中的提出问题；“中股”对应论文中的分析问题；“后股”对应论文中的解决问题。这三股对应的是学术论文中的主体性内容。“束股”对应学术论文中的结语。由此我们可以看出，所谓的八股对应的并不是论文的标题、摘要、关键词、参考文献、注释，它对应的是论文的

内容，而不是论文形式。所以，在此我想重申一下，我们现在盲目地、没有理由地、想当然地、不假思索地去反对八股是没有道理的，因为在现代，八股所对应的并不是论文形式，更何况现在有很多学者认为我们的学术论文的形式，甚至是一种过度的形式，仍然是有很大合理性的。比如，我们在评判一些论文好或者是不好时，因为文章内容中蕴含很多东西，尤其是文科，真的是仁者见仁，智者见智，那么在这个前提下，如果论文在形式上有问题，比如一篇学术论文连个关键词、文献、注释都没有，标题也不好好写，这是说不过去的。所以很多学者认为，现在研究者写论文，形式方面的要素仍然是有很大合理性的。

我们再看古代八股跟我们的文献阅读有什么关系。我们经常强调，文献阅读有一套密码，很多人在文献阅读环节非常容易出问题。比如在选题环节，很多人读的文献越多，反而越不知道自己在研究什么。在一开始的时候，我想做一个研究，这个时候就开始看文献，看大量的文献，我们用三五十天时间看完了，可看完的结果是不知道自己要研究什么，自己最初想研究的东西忘了，或者是自我否定了。很多人在文献阅读时会出现这个问题，那么出现这个问题的原因是什么？我们经常说，出现这个问题的原因是你不知道到底应该怎样阅读文献，或者说你不知道通过阅读文献到底得到了一些什么内容，得以促进自己的论文写作，而仅仅是盲目地阅读文献。我不断强调，大家要从一个被动的文献阅读者变为一个积极主动的文献合作者，这个我们不展开讨论，我们重点讨论文献阅读与八股文的关系。我们再看一下八股文的对应关系，破题对应文献阅读的第一个内容，就是为什么要写这篇论文，如果我们自己写论文，它对应的是研究的必要性，那么我们在读别人的论文时，要反过来从论文作者的角度思考，他为什么要写这篇文章？他是怎样阐述论文的必要性的？或者说他写这篇论文的意义、研究价值是什么？这对应我们的第一个文献密码。承题对应的就是我们在看别人的文献时的第二个密码。他的论文在写什么？他提出了一个怎样的研究问题？这些对应的都是论文中的问题环节。起讲对应别人的文献综合和文献述评，在这里我想多讲一句，大家在做文献综合和文献述评时，这两个环节一定要分开。不是罗列相关文献就叫作文献综述，这是不对的，这个错误的文献阅读观念一定要改正过来。通常意义上的文献综述包括两个环节：文献综合和文献述评。在做文献综述时，大家一定不要综合完文献就结束。如果你只是综合完文献就此结束的话，那么研究问题是推导不出来的。我们为什么要做问题学术史的推理？我们为什么要看那么多文献？就是为了推导出自己的研究问题、研究对象和论文选题的学术价值。但是，如果你错过文献述评这个环节，那么你的文献综述是起不到这样一个作用的。在我们的文献阅读密码里面，有与文献综述紧密相连的密码，也就是对应古代八股里面的第三股——起讲。我们通过文献综合和文献述评来发现现有研究的缺失，或者说不足，或者推到极致来说就是空白。当然，我们要发现空白的可能性是比较小的，我们更多地强调发现文献的缺失或不足，然后，在文献缺失或不足的基础上，进一步找出开展研究的理论依据。

当我们自己做选题，自己写论文，或者我们做研究，看别人的论文时，如果我们推导不出理论依据，那么这就是论文在选题环节的一个非常大的漏洞。甚至有时候，如果我们的论文中缺少这个环节，那么我们的选题是不能够成立的，这个环节是不可以越过的。我们在读别人的文献的时候，通过文献综合、文献述评和发现文献缺失三个环节，找到文献作者研究的理论上的意义、理论上的依据。我们在写论文时，梳理完自己的研究问题，梳理完它的学术史，一定不要忘了交代这个环节，选题的最终目的就是立题，只有把这个环节交代完了，论文立题才会进入最后一个环节——入手，它对应我们写论文时本文的框架、研究思路、研究结构以及研究试图要达到一个怎样的目的。可能我们不会很重视文献阅读这个环节，而是直接越过去看论文的内容。后面三股所对应的是论文的主体内容，在大多数时间里，我们在阅读文献时，并不会太关注它的主体内容。相对选题环节来看，文献包括两种：一种是选题之前的文献环节，一种是选题之后的文献环节。选题之前的文献环节，内容非常庞大，它是为了推导出我们的研究对象、研究问题，再加上选题的第三个环节，即找到我们自身的专业性。这三个选题环节完成，第一种文献就基本完成了。第二种文献就是选题之后的文献。当你的选题确定了，这时仍然不要盲日去动笔，因为它还有一个限定，你的选题虽然是经过三个环节推导出来的，但是仍然有可能不成立，这时，为了避免这个现象，就要把你的选题再次输入我们的文献数据库里，再次检索验证，这个时候会出现第二批文献：一方面我们前面推导出的第一种文献会遗留少量的文献，另一方面在做第二种文献阅读时，会出现新的文献，这常常是很多人所忽略的，从而导致相关研究可能会出现文献遗漏。如果一篇论文存在关键文献的遗漏，那么这篇论文很有可能会出现失误，所以我们在选题环节，从第一步寻找研究对象，到第二步确定研究问题，再到第三步建立自己的专业性，这时候，我们认为你的选题依然是不成立的，还需要再做一步，就是寻找和阅读第二批文献。当你做完最后一步时，我们才会说你的选题，也就是立题环节已经做完了。

第八股——束股所对应的是结语。我们在阅读文献时，它的结语有一些基本的要素，也可以说是密码：文献作者的研究结果，该论文作者的研究结论，如已有研究的一致性和非一致性发现。其中，非一致性发现更为重要，因为论文中的非一致性发现才是这篇论文的创新性所在。一致性发现往往是通过新材料、新方法或新视角等，从不同角度印证了已有研究的一些学术观点。所以，我们在阅读作者的研究结论时，要特别注意作者的非一致性发现。束股对应的后两个密码就是作者做了什么，按照我们现在规范的学术论文写作，你要在最后的结语中，再回顾一下你的论文到底做了哪些工作，紧接着就要交代，你有哪些工作还没有做——在我们的论文里，往往会把它叫作论文的局限性，或是对未来研究的展望。

我们通过对古代八股、论文写作和文献阅读的过程这三个方面的一致性对比，发现古代八股中的八股，不管是对于我们写论文，还是对于我们读论文，都是非常关键的。也正是在这种意义上，我们应该扭转对论文形式盲目反对的这种观念，因为古代八股真正对应的是论文写作的内容，而不是形式。本部分主要讲了古代八股与我们现代的论文写作有一个怎样的对应关系，它是如何驱动我们的论文写作和文献阅读的。我们当然不能做到古代八股文那种非常极致的程度，事实上，在古代的八股里面，每股内部的要素也是非常复杂的，比如，破题、承题、起讲、入手，每一股里面都有三个以上的要素，在每个要素内部又讲求字、词的对仗和工整等，它有很多更加细节化、更加混合化的要素。我们现在写论文，不可能做到这种非常极致的程度，因为古代有科举考试，科举考试就可以逼着大家疯了似地用形式把内容肢解，最后内容就没有了。按照我们的常规思维会这样理解，但实际上不是这样的，因为我们看到古代的八股文，比如，前文中我们所展示的那篇古代状元的八股文，仔细地读读内容，我们会发现当内容被形式肢解以后，其思想却得到了真正的展开，真正的绽放，而不是失去了内容，失去了自己的思想，这跟我们现代很多人想当然的认知是有出入的。所以从这个角度来讲，我们盲目地去反对八股，反对学术论文的形式是没有道理的。

为什么很多人会对古代的八股文有不好的印象，这与我们现代的很多人习惯不假思索，想当然地去相信一个东西是有关系的。但我认为还有一点是相关的，那就是古代的一大批优秀的八股文没有流传下来，比如，古代历朝历代的状元试卷，大部分我们是看不到的，我们列举的这个图片中的状元文章，它只是因为一些很偶然的因素才流传下来的。很多人，比如，书法家就开始对它的书法展开讨论、研究；很多写作学学者，就会对这篇文章的内容展开讨论，最后结果都发现，这是一篇有形式、有内容、有思想、有观点的优秀议论文。但是这种资料是非常稀缺的，很多优秀的八股文并没有流传下来，这就导致我们现在很多人对八股文一直保持盲目的反对。通过这篇现存的古代八股文的文章，再加上一些对比，我们应该很容易就能看出，其实八股文的内容跟我们现在的学术论文的内容是相对应的，我们不能再把八股简单地理解为一种形式上的要求。

➢ 从学术八股看论文的易发表特征

从学术八股看论文的易发表特征。我们关注学术论文，往往会从两个角度对它加以关注。第一个方面，我们往往会关注一篇学术论文的学术价值；第二个方面，很多人是从发表的角度来关注一篇论文的，比如，怎么去研究，或者说学习一篇文献。应该说大部分人都是从这两个角度去研究现代学术论文的，今天我们从论文发表的角度，来考究一下现代论文的基本特征和古代八股文要素的对应。

从发表的角度来看，我们对论文的考查有 136 个指标，比如，选题有 16 个指标、内容有 80 多个指标，仅第一部分就有一个非常详细的考查指标。我们列举几个在这里对应的八股要素，比如，破题对应的是选题的重要性，以及研究问题的清晰度；起讲对应的是选题的继承性。我们经常讲，学术创新是一种继承性创新，我曾经跟一个同学进行了一番讨论，他说："很多论文现在都去研究公共政策的执行，那么我的论文去研究民族地区的政策执行，这个算不算创新呢?"我说："这个不算创新，这只是研究对象的转换，不是创新，因为学术创新是一种继承性创新，一定是你在别人研究基础之上，把别人还没有做完的工作再往前推进一步，而不是你把对象换一下就是创新。"还有一种现象，很多人说：我的研究对象在我的研究领域是一个空白行不行？我说，如果是写一篇学位论文，这样的论文有可能会成为一篇很好的论文，因为你填补了这个领域学术上的空白，但是，如果从期刊论文的角度，从发表的角度来看，你冒的风险是非常大的。我们之前详细地讲过，论文是论文，期刊是期刊，期刊不是学术。所有期刊的本质都是保守的，如果你写了一篇论文填补空白，那也就是创新的极致了，这样一篇小论文，它面临的障碍和困难是非常多的。

我们简单分析一下为什么填补空白的一篇小论文往往是行不通的。从发表的角度来讲，一审编辑看不懂，因为编辑可能不是你们领域的，就算他是这个领域的，也有可能不是你的研究方向的，所以，他本来就存在看不懂的可能性。然后，你又写了一篇从来没有人写过的论文，他可能就更看不懂了。如果这个编辑比较好心，把他看不懂的文章放过去——因为编辑也要非常谨慎，他看不懂并不代表这篇论文不好——他放到二审环节让审稿专家去看，这个时候，审稿专家可能会出现以下几种情况：第一种情况，有的审稿专家可能因为从来没有见过这篇论文的研究内容，从而对这篇论文持谨慎的态度，给论文一个中性评价。第二种情况，有的专家可能会因为从来没有见过这个研究内容，觉得比较可疑，这也是能够理解的，因为按照人类正常思维去理解，为什么先前这么多人都没有研究出来的东西，你做出来了，别忘了你不是自然科学领域的，自然科学领域的人可以有一百次、一千次、一万次实验为你的研究做基础，而人文社会科学领域里面的内容，你怎么去解释为什么那么多人都没有研究出来的东西，你却研究出来了，你往往是解释不了的，所以审稿专家有很多理由质疑你的论文。当然，我们不考虑史学里面的，比如，考古学和人类学，我们之前也讲过有关新材料的内容，我们不考虑这个特殊情况。第三种情况，有的专家一看这篇论文，研究内容是全新的，从来没有见过，看不懂，可能会直接给你一个负面评价，这也是有可能的，因为审稿专家会认为这篇论文的作者是非常草率的，就跟天上掉馅饼一样，不借鉴任何的已有研究成果，直接提出了一个新的东西，他是非常有理由认为这样的研究是非常草率的，所以会给一个负面评价。那么，如果我们考虑到另外一种情况，审稿专家不是专家的情况（如果我们宽泛地去理解审稿专家，那么大部分的审稿专家只是小专家，因为很多真正的学术界的权威是不参与审稿的），研究一个完全空白的东西，风险可能会更大。因为小专家，尤其是一些青年学者，鉴于他们的研究水平、知识结构还不完善，他们可能在对论文学科、专业方向的把握上会出现问题，这样风险就更大了。

我们再看一下入手。入手对应我们论文正文结构的合理性，比如，我们经常考虑论文到底应该以什么样的结构展开。很多人写着写着，就开始反复地调整论文的结构，这个结构到底应该是一个什么样的结构？每当有人问我这个问题，我就会跟他说，论文的结构很简单，就应该是三段论，不管你的结构怎样调整，你都不可能超越三段论，想超越三段论几乎是不可能的。我每年都会看大量的论文，包括CSSCI来源期刊和北大中文核心期刊发表的所有论文，我已经坚持了七、八年了，到现在都没有看到过一篇论文的结构是超越三段论的。当然，三段论并不是严格的三段或四段，而是你的论文结构无论怎样去调整，都摆脱不了这样一种结构——首先，提出问题。然后，分析问题。最后，如果是社会科学领域，可能会提出政策建议，提出解决问题的一些方案；如果是人文科学领域，可能会考虑这个问题所处的更广阔的背景和里面的细节，可能会变一个视角。当然，社会科学领域中还出现了一种新的处理方式，就是整篇论文的论题写得非常大，但是所提出的问题牵扯不到政策的改进和实际问题的解决，那这怎么处理呢？我看到有人对此做过一个微观解释。社会学、人类学、民族学这几个领域近几年来出现了不少此类例子，这些领域的一些作者的做法是，在论文正文的最后一部分截取前面的一部分内容。他们这样做是对论文前面的问题从理论上做出解释，做一个微观层面上的实证考察，也有一些论文整篇基本上是一个理论研究，而不是一个实证研究，但是作者会在论文的尾部做一个小的微观的实证。不管怎么处理，论文的结构是不可能脱离提出问题、分析问题、解决问题这样一个框架的。

我们从发表的角度讲，起股、中股、后股分别对应论文的问题真实性、理论深度和现实针对性。现实针对性指标可能在社会科学论文中更加实用。而束股对应论文结语的6个环节，12个指标，在这里就不详细展开了。

我们可以进一步看出，从发表的角度来讲，我们在写作的过程中也不应该轻视或者忽视形式方面的要素。当然，我还想纠正另外一种现象，那就是有些人的论文非常规范，有摘要，有关键词，还有文献标识码，其作者简介以及所用字体和文献注释等都非常完整，可就是论文不好，选题不好。我们重视论文的形式，绝不是让你去重视它的形式要素，甚至是过度地重视这种形式要素。因为刚才我讲到，八股对应的不是形式，八股对应的是内容，所以完全没必要去纠结形式上的东西。根据我的了解，很多编辑可以宽容形式方面的要素，他会在二审或三审的时候告诉你，你的论文形式要素需要参考他们的期刊论文做一下调整，一般来讲，编辑不会因为形式方面的缺陷，影响论文的下一步审稿。当然，我们理解为什么有人会这样处理，他们是想通过在形式方面做到极致的好，来弥补论文内容的一些缺失，但实际上这是掩盖不住的，因为不管是编辑审稿还是专家审稿，他们首先都会先看到论文标题所呈现出的选题。关于审稿顺序的内容我们之前也讲过，比如，有的编辑会先看前言，有的编辑会先看结语，有的编辑会先看摘要，但就是很少有编辑会先看论文的正文。所以，你过度纠结形式方面的内容是完全没有必要的，有这个时间和功夫，还不如把论文的选题和内容做好。

第四篇 好选题的过程公式

大多数人对选题只有一个静态的认识，把学术论文的选题当作一个名词来用，很少有人从一个动态的、过程的角度去观察和思考论文的选题。我们将要探讨以下问题：论文选题应该有一个怎样的过程？选题机制是怎样的？选题到底应该怎样做？

➢ 论文选题的过程公式

论文选题的过程公式为：论文选题＝研究主题＋研究问题＋专业性。通过这个公式，我们可以清楚地看到论文选题有三个要素。第一个要素是研究主题，有时又被称作研究对象；第二个要素是研究问题；第三个要素是专业性。论文选题至少包含以上三个要素。论文选题有四个步骤：第一个步骤，确定研究主题。第二个步骤，依托研究主题找到研究问题。第三个步骤，在确定了研究主题和研究问题的基础上，找到自己的专业性所在。这里的专业性是指，对于同一个主题、同一个问题，在不同学科领域的人都可以去研究的情况下，你是以怎样的知识结构和知识背景去开展这个研究的？专业性体现在哪里？第四个步骤，重新对自己的选题进行文献验证。

第一个要素，研究主题。经常有人问：研究主题具体是指什么？一般来讲，研究主题是无所指的，是没有具体的含义的。当然，如果真的要给研究主题下一个定义，我们的字典上对它也是有定义的，但是我不认为字典上的定义对我们的论文选题有什么实际的帮助。为什么说研究主题无所指呢？因为从研究主题或者研究对象这个角度来看，没有什么是不可以研究的，什么样的主题都可以研究，不过什么都可以研究并不代表什么样的主题都能研究得了，这是两个问题。有的人可能能够研究难度非常大的选题，有的人可能只能从一个小的角度去研究一个比较小的主题，因为不同人的知识背景不一样，做研究的能力也不一样。但是，在这里我要强调一点，在选择自己的研究主题时，一定要考虑自己的研究兴趣，不管是在写学位论文时，还是在写期刊论文时，一定要注意自己的研究兴趣。如果你在写论文时，没有兼顾自己的兴趣，那么你所写的这篇论文是很难写好的，博士生在做自己的学位论文时，这种体会会特别明显。其实，很多人是不能够完全照顾自己的兴趣的，那么这时，不管你下多大的功夫，总是很难把自己的论文写好。所以，在研究主题上，我只是想强调学术兴趣这一点，至于其他具体的，我认为是无所指的，什么都可以纳入我们写论文的视野里来。

第二个要素，研究问题。研究问题其实很简单，但是很多人都把它忽略了。我们每个人都知道写论文要有问题意识，但是在我们所说的"问题意识"中，"问题"到底是什么？很多人都把它忽略了。我经常开玩笑说，问题就是一个问号，如果不是一个问号，那就不是一个问题。比如，我们经常会看到这样的论文，以创业为例，研究大学生创业的路径，或者研究大学生创业的现状，或者研究大学生创业的政策，等等，这些都不是研究问题，而是研究主题或研究对象。当然，我们平时通过知网进行搜索时，会发现知网中百分之七八十的论文都停留在研究主题的层面，并没有进入研究问题和专业性的环节中去，这就是我们写的论文很难发表的原因。因为你的选题本身就不是一个论文选题，你只是选择了一个研究对象而已，然后，大家就想当然地开始动手去写，做了很多无用功。当然，学位论文的要求与期刊论文的要求是不一样的，是另一回事。我们就说期刊论文，如果你的论文只是停留在研究主题的水平，是很难发表的。只停留在研究主题的层次就能够发表的论文，到目前为止，我只见过一种情况，就是从国外引进一个新东西，完全是新的，只有你自己做过这个研究主题，你就可以不去探讨它的问题，因为对于一个新东西来说，大家的讨论可能还进入不到一个比较深的层面上，你只引入一个主题，对大家来说可能都是新的，论文的创新是非常明显的。但是，这种情况极少，尤其是人文社会科学领域，我认为这种概率比天上掉馅饼还要小。所以，我们一定要按照科学的论文选题过程把它往前推，最后推导成一个科学的、完整的论文选题，而不要把研究主题当成论文的选题。

那么，具体来说问题指什么呢？在这里，我们列举三种情况。第一种情况，所研究的内容是目前学术界有争议的、有分歧的内容。每个学科中都有一些这样的问题，有些问题争论了很多年，但仍然没有定论。事实上，有很多新问题也是有争议的，比如，这几年非常流行的大数据，关于大数据的概念，争议非常大，到底什么是大数据？近三年里，在关于大数据的定义研究中，我只看到过一篇写得很好的论文，大部分人对大数据这个概念都是不假思索地拿来就用，其实他们还没有搞明白大数据到底是什么，就直接把大数据拿来用到了其他地方，比如，大数据在教育中的应用、大数据在文学中的应用，这些论文的作者在还没有充分弄清楚什么是大数据的情况下，就把它当作一个工具，或者当成一个视角、一种方法去研究别的东西。

第二种情况，我们在看文献、看书、看论文时，有时候会发现目前的文献有所遗漏，或有一些错误。文献遗漏的极致就是你可能会发现空白，但是如果真的到了空白的地步，那就是另外一个情况了，之前我们也讲到，该类论文的发表难度是很大的。一般情况下，我们发现一个漏洞，而这个漏洞值得我们去把它填补上，虽然它可能是一个很小的工作，但是我们可以去做，因为这个研究工作很有可能会填补上一个非常关键的问题。如果我们能够发现文献的错误，我认为，在这种情况下，论文创新的可能性是非常大的。当然，若真正操作起来，难度也是很大的，尤其对于一些经典的内容，你想发现它们的遗漏或者错误，难度很大。

第三种情况，我们在读书，看论文，或者跟导师、同学、同事交流的过程中，会有所疑惑，我认为这个情况是经常出现的。比如，我有一个朋友，他是政法学院的一名老师，前几天他跟我说："周老师，我终于找到你之前跟我说的那种写作的感觉了，就是我发现了一个自己想不通的问题，然后，我要把它写成一篇论文。"我跟他说："这种感觉就对了，写论文就应该是这样的，我们的论文选题要有社会关怀，要有情怀，要有公共性。"政法学院的这位老师，就是找到了一个非常具有普遍性的问题，他的女儿正在上初中，学校要求他的女儿把长发剪掉，这个现象我们并不陌生，尤其是女生，可能自己都经历过，校长一声令下，你就得把你的秀发给剪掉，很多人都是从这个时代过来的，我们很多人都没有疑问，大家不都是这样的吗？但是，政法学院的这位老师，就由被迫剪头发这件事情延伸出了一个题目——女性从开始意识到她是一个女性的那一刻开始，就是非常压抑的一生。我在家跟我太太开玩笑，我说你到底在乎的是你自己的美丽还是别人说你美丽？其实对于很多女生来说，她在乎的是别人看她到底是美还是不美，所有的形容词都是一个外在的评价，比如说你美不美，这不是你自己说了算的，你不可能每天举一个大牌子在大家面前说"我很美"，相反，你美不美是别人看了以后，别人所给的评价。所有的形容词都是这样的，这也是为什么我经常说写论文的时候要慎用形容词，因为形容词彰显了你的不严谨，要多用实词少用虚词，论文中形容词用得越多，论文的漏洞就越多，因为形容词是靠别人评价讲出的，而不是自己讲出的。比如，你写完一篇论文，你自己评价自己的论文写得好，好得不得了，"好"也是一个形容词，好不好是要别人来评价的，不能你自己说。你通篇写上 1 000 个"好"字，你的论文确实是好，从头到尾都好！但是真的好吗？只要是形容词，你就不能自己讲，所以要慎用形容词。这位政法学院的老师就产生了这种思路，从而在他日常生活中发现了这个问题。我跟他说："如果你把你发现的这个问题写好了，它将会是一篇很好的论文，因为你发现了女性的一生就是悲剧的一生，因为女性一生都在在乎一个东西，我们说女权主义这么多年了，女权运动这么多年了，女性为什么争女权？因为受压抑，如果不受压抑，那就不用争了，这是一个悖论。学术跟生活是不能分离的，如果你把学术做成一个跟生活分离的东西，你的状态一定是出问题了，这样你做学术可能会做得很累，做得很辛苦。”论文其实没必要这样，我比较欣赏的好论文中，其中有一个指标就是有趣，如果你的论文写得很枯燥，让别人看了就很头疼，我想大部分人都不会认为你的论文是一篇好论文。论文一定要从选题开始，就把它写得很好玩，很有意思，当然，你也不能写得很无聊，如果你把这种很严肃的东西写得很好玩了，那我们认为这个人是很有水准的。我们评价一篇论文好不好，一共有 136 个指标，其中一个是趣味性。在很多时候，趣味性都是从自己有所疑开始的，可能有一个一闪而过的想法，这种粗浅状态的有所疑，可能能够启发出一个好的论文选题来，这是非常常见的。你只要不人为地把写论文与生活割裂开来，这个并不难做到。

第三个要素，专业性。比如，学经济的、学文学的和学政治的，对于同一个选题，写出来的论文是不一样的。同一个问题，不同知识背景的人可以从不同角度去探讨，这就是专业性。前文中我们讲过创新性和理论性的问题。有投稿经历的作者，可能会经常碰到一个问题，审稿意见中说你的理论性不强，或者理论深度不够，这时，大家经常会有一种困惑：自己的论文就是一个理论论文呀！为什么编辑还说论文的理论性不够呢？其实，这一点不好界定，所以你就不要考虑理论性到底是什么了。因为你很难把它想明白，我们所有的字典、词典上关于理论性的解释都无助于我们解决这个问题。所以，怎么办呢？把理论性理解成专业性，这个问题就迎刃而解了。如果大家以后再碰到这样的审稿意见，可以直接把它理解成你的论文中没有突出自己的专业性。比如，你是学文学的，如果你写出的论文跟另外一个知识背景的人写出的论文差不多，那么怎么能看出你是专门学文学的？比如，学经济的人，就要用经济学的理论和方法；学文学的人，就要用文学的理论和方法。理论和方法这两个层面，就是指你所使用的工具和你看问题、解释问题的角度，这是可以体现我们专业性的地方。当然，我们强调写论文的专业性，并不妨碍我们做跨学科研究，比如，学文学的人就不能用经济学的方法去研究吗？这是没有道理的，也没有人会这样认为，但是，我们在使用跨学科的方法进行研究时，也是要有专业性的。比如，学文学的人以经济学的方法去研究问题，那么我们可能会认为，你看这个人真厉害，他明明是学文学的，还能用经济学的方法，而我们并不会考虑这个学文学的人怎么用了经济学的方法，其专业性何在。

从过程的角度来审视论文选题，有以上三个要素，也分别对应着选题的前三个步骤，但并不是说前三个步骤完成了，你的选题就一定能够做好，一定能够成立，这三个步骤是带领我们走向好选题的一个过程或者说一个路径，我们还要把此时此刻的论文选题重新放到庞大的文献数据库中，重新进行检索。这可能就涉及关于选题的两种文献——这两种文献在前文中也介绍过。我们确定一个研究主题后要找到自己的研究问题，这时候也是要大量阅读文献的，如果你不大量阅读文献，怎么有所疑？怎么发现别人的遗漏、发现别人的错误、发现目前有争议的地方？在确定了自己的理论和方法时，也是要看文献的，都是研究同样的问题，看看别人用了什么方法，看看能不能有所借鉴？这个时候都是要大量阅读文献的。这是第一类文献。第二类文献，就是这三个步骤都做完以后，把你的选题重新放到数据库里面，这时候你会很惊奇地发现，又检索出一批跟你之前看过的文献不一样的新文献。看完这些内容后，大家可以都试验一下，把前三个步骤做完，然后重新在数据库里面检索一遍，看看在原来的文献基础上还会不会出现第二类文献？出现的第二类文献才是你真正需要的文献，之前你检索出的文献，并不是写论文的直接文献，只是写论文的资料，之前的整个过程都是为做资料准备的，是为了产生这个选题而出现的一类文献，而第二类文献是为了验证这个选题是不是真的成立而出现的一类文献。这两类文献，不管是从文献数量上，还是从文献内容上，或从文献的作用上都是不一样的。第二类文献的数量虽然很少，但这些文献才是在写论文时真正需要的文献，是与论文的选题直接相关的一批文献。

平时，为什么很多人都面临着“文献陷阱”的问题？据我们统计，有70%以上的人都面临着这个问题——文献太多。这是因为你看的文献与你的选题根本没有什么关系，有的人不能理解，但是当他按照我们的选题过程做一遍后，就会发现原来真是这样的。当第二类文献出来的时候，大家才发现这些文献才是自己真正想要的文献，之前那些文献好像也有关系，但是关系不是很大。比如，有位学教育学的同学跟我说，他现在正在做大学英语教材研究。按照我们的这个选题过程，大学英语教材应该是研究主题，我跟他说，这个时候你一定不要贸然动手去写，因为如果贸然动手去写，不管你写多少字都是在做无用功，你需要找到你的研究问题，阅读相关的文献，看看这个研究有没有什么问题。然后，他跟我说大概是有一些问题。首先，关于每一个阶段，比如在清末阶段或者民国阶段，到底有哪些教材？然后，哪些教材适合？哪些教材不太适合？每一个教材大概都有一个具体情况，没有人进行过一个非常明确的、非常具体的总结，大概就是一些简单的内容，类别也有错误或者缺少的，还有一些不同的都没补齐。想想大概100年间，若没有人认真地梳理这些，是存在这种情况的。根据这位同学的描述，我认为他的研究问题应该不是大学英语教材，也不是大学英语教材100年的学术史，他只是在为自己的论文做准备工作，实际上，这位同学写的应该是自己所发现的那个东西。比如，你的论文框架应该是怎样建构的？在论文的第一部分描述清楚你所发现的问题到底是一个什么样的问题。这个问题成立吗？你为什么说它是一个问题？要让你的问题本身成立，这是论文前面的部分。然后，在论文的后面部分，你还可以去探讨，为什么已经100年了还会出现这样的境况？可以在文中探讨这个问题背后的一些原因，通过对问题背后的原因的探讨，能够加深我们对这个问题本身的理解。这时，你就可以去写这个问题了。如果你的选题是偏应用方面的，那么你就可以写这个问题到底应该怎么解决。如果你的选题不是偏应用方面的，那么你就可以去探讨这个问题是否有必要去研究，或者是否非常值得我们去讨论并解决。问题其实是分好多种的：有的问题本身就值得探讨，但是并不一定非要把它给解决了；有的问题本身并不是很重要，可能只是一个大问题里面的一个很小的问题，但是，如果你把这个小问题解决了，那么可能会带来很大的影响。如此一来，你的论文的后半部分就要去探讨它，用两种思路去探讨：你要去解决这个问题，还是要重新审视、重新看待这个问题？对它进行更广阔的联系，这种思路比较适合不需要解决的问题，很多问题是不需要解决的。

这位学教育学的同学的问题，假如先把它称为选题，那么他的这个选题到了第三个步骤后，你会发现还要找到研究的专业性所在。我认为对于这位同学的研究，其实不少人都可以做。有了主题，有了问题，不同的人都可以去做研究，那么这时，你就要把自己的论文跟别人的论文区分开来。你是从什么角度、用什么方法去研究这个问题的？这就是你的专业性所在。你不能说这个问题是对的，这个问题可能非常值得我们去研究，而问题值得我们研究和我们实际动手去研究是两码事。如果这个问题值得去研究，那么所有人都可以去研究，如果是这样，你为什么要去研究？或者说，你的学科领域中的问题可能在别的学科领域里面也存在。比如，你梳理一下别的学科，也会发现这样的问题，那你为什么还要研究呢？你这个学科为什么值得研究？特殊的意义在哪里？你用什么方法、从什么角度研究？这是你的专业性所在，是要考虑的。但实际情况是，80%以上的期刊论文的作者，是做不到这一点的，这就是为什么我们在平时看学术期刊的时候，我们看到一篇，觉得不过尔尔，再看一篇，还是觉得不过尔尔，看完之后发现整本杂志不过尔尔。因为很多的作者所写的主题、所写的问题，大家都是可以去写的，他们没有超出你的知识视野，你用你的知识结构去看这些论文，看不出什么新意来。当然，我们说一篇论文的创新是一个非常整体的、非常复杂的问题，但至少，如果你在专业性这个环节下功夫，那么将会极大地有助于增加你的论文的创新性。对于以上几个步骤，一定要去做。在选题环节，一定不要贸然动笔去写。我经常说，假如写论文需要 100 个小时，那你起码要有 50 个小时的时间放在论文的选题环节，写论文要用 10 多个小时，而剩下的时间就是改论文。选题是最重要的，其次是修改论文，最不重要的就是写，但是现在很多人都把顺序完全颠倒了。很多人认为，今天随便脑袋一热，突然提笔就开始写，把所有的功夫下在一个最不重要的环节上，所以你的论文发表的难度就大，因为这样的论文本身是有问题的，你应该把一半的功夫放在选题环节，然后在剩下的一半时间中，再把 2/3 的功夫放在修改环节，最后大概也就只有十分之一二的工夫是放在初稿写作的环节上。在我看来，初稿写作是不需要花费很多时间的，因为只要你之前的选题工作做到位，初稿的写作会非常顺利，非常快，但是，如果你的选题工作有问题，那你在写论文的时候会非常难过，甚至在你写的过程中，有时会自己否定自己，写着写着突然发现自己的选题不行，不断进行大的改动，甚至会直接放弃写作。在写作过程中不断地反反复复、没完没了地自己折腾自己，我认为这是没有必要的。论文的写作从选题开始，一直到最后定稿，是有程序、有步骤可循的，一定不要自己蒙着头去写，一定要掌握论文写作的科学过程。

➢ 论文选题的研究问题

在论文的选题过程中，其实最重要的还是问题的发现。我们都知道问题很重要，但是问题和问题不一样，我们平时所说的问题，其实都停留在问题表面，这会误导我们的论文写作。我现在列举三种问题：假问题、真问题和好问题。

我们首先来看假问题，什么样的问题会是假问题呢？假问题首先是一个问题，所以你不要认为假问题一定就是没有研究价值的。此外，假问题也是一个学术问题，并不是说假问题就是好的，从学术角度来说，我们所有人都不应该去写假问题，但如果从发表的角度来讲，有些假问题的论文发表难度要小于那些没有问题的论文。当停留在研究主题的环节时，即使论文所研究的问题是一个假问题，从发表的角度来讲，也比没有问题的研究发表起来容易一些，因为至少论文还是有问题的。那么，我们在肯定假问题也是一个问题的基础上，看一下它可能会有一些什么样的特征。最主要的是：不证自明，答案已知。比如，有的人说这个问题根本就没有办法回答，这个问题是举不出例子来的。我记得中国人民大学的一位教授，他对真问题有两个界定。其中一个标准就是，你所研究的问题，要在现实生活中能够举例说明，如果你举不出例子来，那么你的问题很有可能是一个假问题。后来，经过多次验证，我发现他的观点是对的，而且很有道理。当然，他还讲了他的另一个标准，这个标准是理论上的，就是你提出的问题最后要能够做到自圆其说，问题本身要能经得起逻辑的推敲，这是问题本身所蕴含的基本素质。所以，在现实生活中，你要能够举例说明你的问题，如果举不出例子来，那么，你就要对你所研究的问题特别地谨慎，因为有可能你写了半天，发现自己研究的是一个假问题。我们举两个例子。

第一个例了，产业结构调整与环境污染之间存在倒U形曲线关系吗？我们为什么把它列为一个假问题？因为这个问题的答案是已知的。目前，学术界关于产业结构调整与环境污染之间关系的主流观点是：两者之间的关系就是一个倒U形曲线关系。然后，这篇论文的研究结论也是两者就是一个倒U形曲线关系，所以这样的研究是没有价值的。大家可能会觉得我这样讲很好笑，但这是一篇C刊上的论文。我有一个非常极端的观点，我认为中国95%以上的论文都是不合格的，这句话有点过分，但这就是现实。如果我不提醒大家，大家可能还觉得这篇论文很好，单看这篇论文的结构、方法和数据，大家可能觉得还行，是一篇写得很好的论文，而且是一篇C刊上的论文，但是经过我这样一讲，大家可能就觉得特别可笑。大家都知道这是没有研究价值的，为什么还要写成一篇论文呢？至少在这篇发表的论文中，我没有发现作者写这篇论文的理由，如果你找不到自己写这篇论文的理由，很有可能就是你的论文本身的价值也有问题。

第二个例子，在一篇讨论农户为何主动退出借贷市场的论文中，作者对江东进行调研，研究结论是现在农民富裕了，不需要借钱，因此退出了借贷市场。这种问题在期刊上比比皆是，我们每年都会对国内的 3 000 多本核心期刊上发表的论文做一个梳理，形成自己的一本论文目录。在这些论文中，如果以我们对好论文的标准来看，大概只能筛选出 3%左右的好论文，有的学科 1%都不到，其中一个原因就是在我们的期刊上，这样的问题比比皆是。我也不知道作者到底是怎么考虑去发表这样的论文的，但这就是我们大部分人所做的研究。我们现在接着讨论农户为何主动退出借贷市场这个问题，如果你真的对农户为何主动退出借贷市场有新的发现，那也是好的，但是，对于农户因为收入提高所以退出借贷市场的结论，怎么看怎么觉得很好笑。当然，我们很多人都是这样研究的。尤其是我们的学位论文，我们的学位论文是生产学术垃圾的重灾区，甚至连这个水平都做不到。学位论文连上述的研究农户为何退出借贷市场的研究主题也做不到，所以我刚才说假问题也比停留在论文研究主题的环节要好，至少这样的选题和论文看上去像模像样，很像一篇好论文，只是在研究问题环节出问题了。大家可以下载这篇论文看一看，如果不考虑这篇论文的研究问题，那这篇论文从头到尾看上去还是一篇很好的论文，但如果你考虑他的研究问题，你会发现这篇论文怎么看怎么不好。

我们再来看一下真问题。对于真问题，我们首先要肯定它是一个问题。那么，真问题往往具有哪些特征呢？比如，它具有一定的公共性，它和假问题里面的无人关心是相对的，就是你所提出的问题是很多人都关心的。如果你提出一个问题，大家根本就对你这个问题不感兴趣，那么，你的问题表现出了公众性缺失。但是，我们从追求真理的角度来看，有时候物极必反，真正的创新是超越现有知识结构的，但是这种情况不会轻易出现，所以，我们不能把它变成一个常态，尤其是在目前的学术环境下，我们写论文还要考虑很多现实因素，我们写论文不仅为了增进自己的学术兴趣，而且有很多现实原因。比如，如果你是学生，那你面临毕业的压力；如果你是教师，那你面临评职称的压力；等等。所以，我们不能把一种很极端的情况，作为一种常态看待。从论文发表的角度来讲，我一般是把它忽略掉的。当然，从学术研究的角度来讲，我非常重视的情况就是，你所研究的问题超越了我们现有的知识结构，你提出了一个大家都不关心的问题，我们只是从别的评价中来判断你的选题或者你的论文好不好，是否容易发表，并不是说你写的这篇论文就是错的，就是不好的。可能在300年以后，大家发现你写的内容是对的，这种例子在我们的科学史上也是有很多的，但这也不是一种常态。再比如，我们很多的好论文、好选题，其实都属于常识研究。比如中国人民大学的那位教授为什么把能够在实际生活中举例作为真假问题的区分标准呢？你所写的论文要有一定的现实性，这也是中国人民大学的那位教授所提到的，当然他还有很多针对性的标准，至少有十几个。笼统地来说，我也有两个简单的区分标准：第一个是有用，第二个是有趣。如果这两点你都有，那么你的选题不会很差。

我们来看两个例子。第一个例子是《家庭劳动是否降低工资收入——基于CHNS的证据》，作者在文中按照数据来源标明了相关数据。那么，只看标题你可能看不出作者要研究的是什么。我简单地介绍一下作者研究的问题。在日常生活中，我们有一个常识性的判断，就是很多女性的家庭地位不如男性，为什么呢？有一种解释是，女性的收入比男性的收入低。那么女性的收入为什么比男性的收入低呢？是因为她干的家务比较多，要打扫卫生，还要生孩子，照顾孩子，起到了家庭保姆的作用。虽然她在行使保姆的角色，但实际上她是这个家庭的女主人，这是日常生活中的一个常识，我们很多人都有这种感觉。这个作者研究的就是常识，研究的就是我们这种感觉。他研究的问题就是女性工资收入低，难道是因为女性干的活比较多吗？通过研究这个问题，他想验证一下这个常识是不是对的，通过他的研究，得出的结论是：干活多少跟工资收入高低基本上是没有关系的。虽然我们很多人都知道这个常识，但是你要真去做一番研究，你会发现这个常识是有问题的，肯定是由于其他方面的原因造成的，而不是由干活多少决定的，那么，这个问题基本属于一个常识研究，同时属于一个问题研究。

第二个例子是《天人合一能够解决环境问题吗——气候变化的政治模式反思》。我们结合选题的过程来看一下它的选题要素。这篇论文的研究主题其实也是一个常识，或者说是我们现在很多人所持有的一个观点。中国的传统文化有一块是和这个观点相关的。环境问题的解决，跟我们当前所讲的人与自然的和谐、和谐社会，其实是一样的，那么，这篇论文的观点就是，我们中国传统文化中的一些理论、一些观点是有助于我们解决当下的环境问题的。这个观点是他的研究主题，那么他的研究问题是什么呢？他的研究问题是对这个观点的质疑，他觉得这个观点有问题，他在标题里直接进行了反问，“天人合一能够解决环境问题吗？”这是他的研究问题。他质疑这个常识，质疑这个判断，那么，从专业性上来看，我们大概能够判断他是什么学科的。我们能判断这个人应该不是学文学的，也不是学外语的，他有可能是学哲学的，有可能是学政治学的，当然也有可能是学社会学的，等等，我们大概能推断出这位作者的专业背景。

我们能够看出，以上举的两个例子其实都有常识研究的成分。同时，我们看这两篇论文的研究主题：第一个研究主题是一个常识判断；第二个研究主题，即天人合一的这种古代的观点和环境问题的关系，也是一个常识判断。他的研究主题也是有问题的，具有极大的公共性，很多人可能不会像这个作者一样去较真，真正地从学理的角度去思考这样的问题，但是，这种问题是很多人都有的一个感觉，很多人都关心的一个问题。因为第一个研究主题介入了我们的日常生活，所以第一个例子的公众性更大一些，比如说它的重要性、现实性等。

我们最后来看好问题。你研究的问题如果是一个真问题，那么从投稿的角度来讲，它是不是一定能够得到编辑的青睐？是不是一定能够引起大家的共鸣？这是不一定的，在人力资源管理中，老板的情绪对员工的工作积极性会产生影响，这是一个真问题，因为从企业管理的角度来讲，这实际上是挺重要的。一方面，作为老板，他调解自己的情绪，用到自己的企业管理里面去；另一方面，也可以启发员工怎么去适应老板的情绪，怎么去更加地适应公司的管理文化，这是很有意义的，但是这个问题并不见得有很多人关心。这个问题是一个真问题，我见过这样的研究，而且研究得很细，研究结论也很有意思，但是这样的问题并不是所有人都关心的，它的公共性不见得有多大。当然，这个问题比理论问题要好得多，或者说比一个假问题要好得多，所以，这篇论文也是一篇发表了的文章，而且发表在了一本质量非常好的期刊上。我们现在讲好问题，好问题首先是真问题，是在真问题的基础上产生的，但其实它在强调你这个人的情怀。你这个人的思绪要是活的，你所写的论文就也是活的，不能是死的。然后，你研究的问题就算是一个真问题，但是大家一看到你写的论文就头大，看不下去怎么办？所以，我们做学术研究也好，写论文也好，要把它做活，不能把它做死，如果你把它做死了，你自己做得也会很累，别人读起来会更累，何必呢？我经常开玩笑说，你这就是先自虐，再去虐别人，对吧？做学术研究和写论文明明是一件很高兴、很快乐的事情，你干吗要这样做？这样做你缺的是什么？缺的就是趣味性，或者叫情怀、公共关怀。

一个人到底处于什么层次？去看一下这个人论文的相貌，文如其人，我们应该朝着一个有钱、有闲、有情调的方向去发展，这样你写出的论文就更有可能成为一篇好论文。在我们传统的教育观点中，有一个观点是有问题的，“逆境出人才”，然后就开始举例子，比如，曹雪芹很穷，等等。我从小就看这样的例子，然后我经常开玩笑说这种观点可能是有问题的。我们可以从现实的角度去观察，逆境里面能不能够出人才。从数量比较上来看，到底是逆境里面出来的人才多，还是顺境里面出来的人才多。大家可以研究一下，我们不能够把一个极端的情况当成常态，否则，它将会影响我们在日常生活中的判断。当然，这种观念激发人朝好的方向发展，从成长的角度来讲是没有问题的。但是，我们客观地去评价这个观点，它是有问题的。我经常说，曹雪芹写《红楼梦》的时候是很穷，但瘦死的骆驼比马大，曹雪琴好歹也是好几世、好几代的大户人家。如果曹雪芹没有见识过红楼梦里面的所有场景，他肯定是写不出来的。那么，为什么你非要强调曹雪芹很穷这件事情？在红学研究领域，真的有人持这样一个观点。我不是做红学研究的，这只是我的观点，它不一定对。我认为曹雪芹即使是在家道败落写《红楼梦》的时候，仍然比大部分普通人家的家境要好得多，所以我们不能接受曹雪芹写《红楼梦》的时候很穷这个判断。这个判断是有问题的，如果有人感觉是对的，建议做一下考证。这个东西有一定的趣味性，它跟我们的常识是相关的，跟我们的生活是相关的，你用自己的专业知识去做这样的研究，做出来的东西就是活的。我们不能天天像哲学家一样，去想道理是什么。这样的研究当然很有价值，但是，不能所有的人都去做这样的研究，因为在写论文、搞研究之外，我们还要吃饭，我们还要生活，也就是说，好问题确实是在真问题的基础上加了情怀的。有时候，你有情怀，就会有趣味，有格调。

我们举两个例子。第一个例子是《究竟是患寡、患不均还是患不公？基于CGSS（2006）对居民幸福感决定的经验研究》它的研究方法是一种经验研究，数据来源是中国综合社会调查（CGSS）。那么，我们看一下它的研究主题是什么？它的研究主题是，在2010年前后，“幸福感”一词开始进入我们的生活。我们以前都不知道幸福感为何物，但是中央电视台做了一个调查，幸福感这个词突然就进入我们的视野，大家开始讨论“你幸福吗”。数据调查显示，大部分人都觉得自己不幸福，而这篇文章的研究主题就是普通人的幸福感。这篇论文的问题是：我们觉得自己不幸福的这种感觉，到底是害怕分配给自己的少，还是分配不平均，亦或者分配不公平？普通人对幸福感的正常理解，基本上停留在工资层面。很多人会说，你看我的工资没那么高，那我能幸福吗？很多人都停留在这样一个认识层面上。那么，这篇论文的作者就深入地思考了我们的这种具体的感觉到底指什么。这是他的研究问题。那么，对于他研究的专业性，我们也能够看得出来：他做的是一个经验研究，至少能看出这位作者应该是社会科学专业中的，因为研究人文科学、搞艺术的、做哲学的，一般很少有人会做这种经验研究。

第二个例子是《知识商业化及其问题》，这篇论文的研究问题跟作者的专业性比较隐晦，但是，这是一篇好论文，也是一个好选题。简单判断一下，在博士层面，应该比较容易判断这个人是研究哲学的。因为目前在我们的学科结构里面，知识问题基本上还停留在哲学研究领域，尤其是科技哲学的方向，很多人在研究知识问题，这个问题明明是一个公众问题，但是到目前为止基本还没有扩散到别的学科中，或者说还没有引起别的学科的重视。当然，这种现象本身就值得研究，因为知识本身就是一个公共的东西，与知识相关的很多问题，其实都是公共问题，但是，到目前为止，为什么知识研究仍然是哲学里面的一个问题呢？这个问题本身就值得我们去反思，这可能说明我们的知识生产与传播中的某一个环节出问题了。因为明明是一个公共性很强的问题，为什么其他学科的人不去研究它？我们先讨论这篇文章所研究的对象——知识商业化。这个研究对象本身就有很大的新意，它的新意不在于突破了我们的知识结构，或者是突破了我们的判断和理解，而是这个作者把经过了很多年的一个现象，纳入自己的论文里面去研究，这个现象就是知识的商业化趋势。知识的商业化是一个根基性问题，带来了很多后续问题。比如，它与我们目前的知识的贬值、学历的贬值、高校的改革以及过度量化的捆绑等都是分不开的，这些问题都是在知识商业化这个问题上产生的，所以，它是一个非常根基性的问题。但在这篇论文之前，没有人去研究它，也没有人把它叫作知识的商业化。我一开始看到这篇论文的时候觉得很奇怪，这明明是我们的一个常识判断，但是为什么没有人去研究？这个作者的研究主题本身就是非常有新意的。在这篇论文中，首先，作者从知识的公共性入手，去探讨知识的商业化背后的一些动因；接着，作者分析了知识的商业化所带来的一些值得我们反思的世俗问题。其实，我们大部分人应该是不适合写这种论文的，因为这种论文其实很难写，但这并不妨碍这种论文成为好论文，并不妨碍这个选题是好选题，因为它的研究对象、研究问题和专业性等各类要素还是比较明显的。只是由于这个研究问题比较隐晦，它只是哲学一个分支中的研究对象，我们很多人不关心这个问题。但是，这又是我们很多人所关心的。例如，难道我们不关心知识的问题吗？我们不关心为什么十年以前，大学毕业就可以有房了，十年以后大学毕业却没有？难道我们不关心这样的问题吗？我们当然关心，但是它的根源在哪里？这是这个选题所探讨的问题，我们认为这样的选题是好选题，这样的问题是好问题，不仅因为它是一个真问题，而且因为它是具有公共关怀的，是有情怀的，是把学问做活的，这样的论文大家都愿意看看它到底说了什么。比如，第一篇论文，只要是一个编辑，一看到这篇论文就知道是一篇好论文。作者把一个常识变成了一个学理问题，而且往前推进了一步。但是，我们很多人怎么去研究幸福感呢？比如，中国人的幸福感现状——这是很多学术论文的套路。再比如，幸福感的比较研究——这属于稍微好一点的，但是最终不出我们的意料，我们很容易就可以想到，很容易就能接触到这样的研究。但是，像第一篇论文这种研究，我们其实不那么容易接触到，这样的研究还是比较少的。

➢ 论文选题的形式公式

形式公式是在讨论选题过程的基础上，从形式的角度分析选题。因为形式与过程其实是共为一体的，一个选题过程就决定了一个好的选题在形式上应该是怎样的。首先，我们对所研究的对象、所研究的问题要有一个观点。我们写论文一定不要写得篇幅很长，描述也很专业，总想给别人一种知识非常丰富的感觉，也不要让别人看完你的论文后有一种没有看到观点的印象。不表达观点就是既不反对别人的观点，也不同意别人的观点，同时这也是没有自己的观点，这样的论文很多。在写论文时，对自己的研究问题一定要持有观点，你一定要把它写活，一定要把感情融入进去。然后，理由可能有很多，比如有理由一、理由二、理由三，一个观点要想真的立住脚，可能需要从多个方面去阐述，来支撑提出的观点。理由之后是证据，证据又可以分为证据一、证据二、证据三、证据四，等等。另外，在很多人的观点中，还可能会存在一个误区。很多人的论文是有观点的，但是他在表述自己的观点之后，直接进行举证。但很多人的理由是错误的，这是不应该的。你的观点是观点，理由是理由，证据是证据，要区分开，证据不能直接支持你的观点。有的时候，你可能找到一个非常有力的证据，能够直接把你的观点支撑起来，但这种情况比较少。大多数情况下，很多人应该是把一个观点肢解成好几段，肢解成一些小的观点，我们叫理由，然后，用几个小理由对观点进行证据的支撑。如果你有五个理由，并且每一个小的理由都能够站得住脚，以证明你的观点，这样就是可行的。一般情况下，如果你想为你的观点提供直接的证据，难度是很大的，所以我们要把它拆分开，这就是观点、理由和证据的区别。

在选题时，还要注意，不能闭门做学问，不能闭门写论文，要注意别人的观点，因为你不可能去研究一个从来都没有人研究过的东西，这个可能性是比较小的，我们不能够把极端的情况当作常态。我们应该思考，你所提的问题，有没有人研究过，你在找到别人的观点之后，还要对他们的观点进行回应：你是同意他的观点，还是不同意？如果你不同意这个观点，你就反对他，并给出充分的证据。但是，如果你同意他的观点，你怎么去写这个论文？一般来讲，如果你同意别人的观点，那么你可能有新材料的支撑，或者用新的方法来研究，再或者你在其他方面有所创新。但是我记得之前我讲过，所有的创新只有一种创新，就是观点新，别的新是站不住脚的。如果你同意别人的观点，所要写的这种论文的难度其实是很大的，这比你不同意别人的观点的论文难度要大很多。回应完别人的观点以后，你要阐述自己的思路，它有点像我们的论文的前言，但不完全一样。

在一篇论文中，作者的观点是这样的：以孩子为目标观众的电视节目会有益于孩子的智力发育，但是这个贡献会被另一项事实抵消，这个事实就是这类节目会损害孩子的情感发育——太多暴力。这个我们并不陌生，在传播学里面，这又叫媒介暴力——在电视里面，有太多的暴力画面。但是，作者的观点是，父母一致认为榜样对于孩子的成长影响很大，这就是为什么父母要给孩子讲英雄故事；但当孩子们看到可耻的行为时，他们同样会受到影响。在一天里，孩子们看到数不清的暴力形象。因此，孩子受到正反两方面的影响。我们可以仔细地区分一下：上述理由与论文观点有什么区别？作者为什么认为电视节目会损害孩子的情感发育？从他的观点出发，他选取了他的理由，电视中有太多的暴力形象。如果从反面来讲，就是好的东西会影响孩子，不好的东西也会影响孩子。作者首先做了这样一个铺垫，这个铺垫是一个常识，不需要证明。如果这个铺垫不成立，那么下面的理由就没法讲。然后看下面的理由，电视中有太多的暴力，这个成立，从这里我们可以体会一下理由与观点的不同。那么，大家看证据，理由牵出证据。作者又在论文中指出，每一天，孩子平均看 4 个小时电视，看到大约 12 个暴力行为，这是他的证据。紧接着往下，他要对同一研究主题、研究问题的别人的观点进行回应。他指出，孩子不会把卡通里的暴力与真实生活混淆。大家看作者的逻辑，写论文一定要学会推和拉——有时候是推，有时候是拉，这两种力量是不一样的。他的第一句就是推，他首先举一个跟他的观点不一致的观点。如果孩子们只是在卡通和真人之间做区分，那么他们会认为由真实的演员参与的逼真的暴力表演代表着真实的生活。对别人的观点都是回应，根据这个，我们的启发是什么？在写论文时，我们不要老是列举那种能够支撑自己观点的文献。我发现，有的人会把那些不支撑自己观点的文献马上扔掉，这确实是文献工作中很大的一个漏洞。你一定要有正面回答，反对你观点的人，他们有自己的观点，那你的观点是什么呢？所以，如果你同意别人的观点，这个论文的写作难度就会大一些，这位作者就是不同意别人的观点，紧接着他对别人的研究进行探讨，他觉得我们不能忽视这种可能，一种会演变成暴力倾向的可能。

我在上课的时候，曾经有同学问我：能不能第一句写观点、第二句写理由、第三句写证据？我跟他说：不能！因为这种东西它不是死的，它是从前面的一个工作过程中推导出来的，你不能直接比着这几个环节去做。而且我讲过，你的理由可能不是一个，你的证据可能也不是一个，我只是简单地提供了一个小理由，然后结合他的理由提供一个证据。在实际写论文的时候并不是这样的，实际写论文时，就一个逻辑框架，一般不容易做到用一个理由就能够把你的观点支撑起来，一般也不容易做到一个证据就能够让你的理由成立。所以，前面的过程，该怎么走还是怎么走，这样才会出来一个形式的东西，这是我想特别强调的。

第五篇
如何让论文发表变容易

本篇的主题是“如何让论文发表变容易”。事实上，这个问题有点宏大，因为我们都知道论文的写作与发表，难度都是相当大的，我们来探讨这样一个主题其实是有点冒险的。本篇探讨的内容主要包括两部分。第一部分，从宏观的角度，即从期刊资源与作者需求供需失衡的角度来探讨论文发表为什么难。第二部分，从微观的角度，即从科研与写作微循环的角度来解释目前我们为什么面临着论文发表难的问题。

➢ 论文发表为什么难

我们先从宏观的、供需失衡的角度来解释一下论文发表难的问题。

目前，国内科研人员的数量，总体上大概在 6 300 万人左右。其中，人文社科科研人员的数量大概是在 2 000 万人左右，自然科学科研人员的数量大概是人文社科科研人员数量的两倍。而国内期刊资源的情况是怎样的？全国认定的学术期刊的总量是 6 400 多种，在这 6 400 多种学术期刊中，人文社科类大概有 2 700 多种，自然科学类大概有 3 700 多种。2 700 多种人文社科类期刊的数据，是南京大学的一个数据。在人文社科类的 2 700 多种期刊中，又有我们平时所讲的 CSSCI。根据最新一版的统计数据，CSSCI 期刊的数量大概有 530 多种，根据 2014 版北大中文核心期刊的数据，收录期刊的数量为 1 983 种。对于自然科学类，我们只提供了一个数据，就是 SCI。当然，在自然科学领域，除了 SCI，还有 EI，还包括一部分 SSCI。从数据来看，SCI 期刊数量大概有 3 700 种，多的时候不会超过 4 000 种，少的时候到过 3 300 多种。

我们重点来看人文社科的情况。我们先对科研人员的总量与期刊总量进行比较，可以看到大概每一万人中，只有一个人可以拥有一本杂志。所以，我们的科研人员面向学术期刊发表论文的版面需求，与实际上学术期刊的资源数量相比，是严重失衡的。人文社科领域的学术期刊大概只有 2 700 多种，而人文社科领域科研人员的数量大概有 2 000 万人。如果按照人均拥有期刊数量来算，那么这个比例也是严重失衡的，更不用说核心期刊了。如果去算科研人员与核心期刊数量的比例，那么我认为这个小数目都可以被忽略了，这个比例是非常低的。接下来，我们还为读者提供北大中文核心期刊和南大中文核心期刊每年的版面容量。533 种南大中文核心期刊，每年大概有 14 万篇的期刊容量。再看北大中文核心期刊，1 900 多种期刊，每年的版面容量大概在 55 万篇。如果按人均来算，比例是非常低的。人文社科科研人员的数量大概是2 000 万人，但实际上，北大中文核心期刊每年只能容纳 55 万篇多一点的容量。CSSCI 来源期刊，每年大概只能容纳 14 万篇多一点的论文篇数。算一下比例，就知道这个比例是非常低的，基本上也是可以忽略的。我们从宏观的、供需的角度，可以看出期刊的数量与科研人员的数量是严重失衡的。实际上，我们每个人都知道这一点，但可能较少有人注意到它到底失衡到了一个什么程度。通过以上数据，我们能够明显看出这种失衡到了多么严重的一个程度。另外，人文社科的 2 000 万科研人员数量，加上自然科学的 4 000 万科研人员数量，总共 6 000 万人。这 6 000 万科研人员的数量，是一个怎样的规模呢？这个数量占全球科研人员数量的 1/4，比美国科研人员总数高出了 17% ，可见中国的科研人员数量是非常庞大的。但是，我们的学术期刊数量在全球大概是处于一个怎样的位置呢？我们以SCI为例，SCI有3 700种左右的期刊，在这些期刊中，中国目前大概只有几十种，拿这个数据同国内科研人员的数量做对比，可以明显看出供需失衡已经非常严重了。当然，我们从宏观的角度来考虑论文发表难这样一个问题，除了供需失衡这个原因之外，还有很多其他原因。比如，学术期刊本身在用稿方面的一些原因；科研人员自身的一些原因；或者宏观的学术出版政策的原因，包括高校和科研机构的绩效考核政策等。事实上，这6 000万科研人员，他们每年需要至少发表一篇文章，如果把这个因素也考虑进来，那么情况就会更严重。我们在这里只是简单地通过数据，从供需失衡的角度，呈现一下论文发表难，到底难到什么程度！

➢ 科研与写作的微循环

这部分是本章内容的重点，我们通过这样一个图来展开讲解（见图2）。这个图看起来非常简单，但是这里面涉及的内容非常多，而且里面有很多是我们在写论文、做研究时很容易忽略的内容。我们看一下这个循环图，从科研、写作、投稿、审稿，再到发表，中间这条箭头，是一个比较正常的箭头，这个箭头的内容并不是很多，它就是提示我们有这样一个链条。

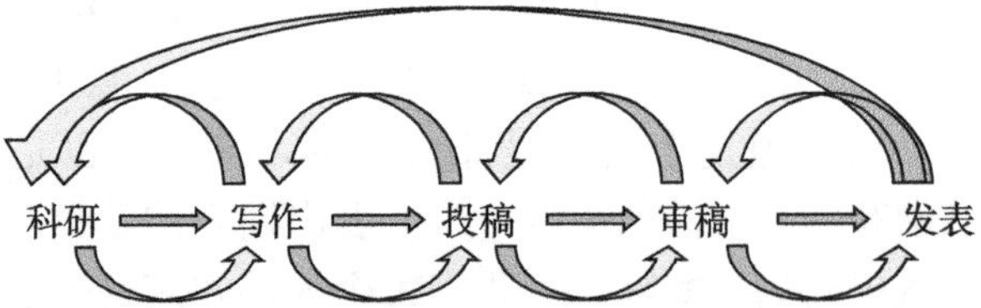

图2　科研与写作循环关系示意图

科研工作在文科中叫作学术研究。科研工作做完之后，会有一部分科研成果进入学术写作的环节，在学术写作的环节会有一部分进入向学术期刊投稿的环节，然后在投稿中会有一部分进入审稿环节，通过审稿会有一部分文章被发表出来，这是一个很正常的过程，我们对此不做过多的解释。我想解释的是图 2 中下面的和上面的链条。

我们在做科研工作时，会考虑到写作的因素。如果我们把科研工作细分，会产生很多环节，比如，前期的选题策划，选题策划之后会有一些数据资料的收集，正式开始研究的准备工作等。我们不展开讲科研，科研本身也有很多的环节，但是我们在做科研工作时，是不是应该考虑写作的因素？这是上面的第一个箭头。下面的第一个箭头，是科研与写作之间的微循环。事实上，很多人在做学术研究时，基本上不考虑写作因素。当然，我们有一个接近于常识的理解，就是我们在做学术研究时，如果过多地去考虑写作的因素，是不是有点过于功利？这是一个很好的解释。因此，很多人在做学术研究时，不会过多地去考虑写作，包括之后的发表。但事实上不是这样的。我在以往的学术写作课程中，提出了很多在学术写作、学术出版领域的假象，我认为这也是一个假象。我们的科研工作的功利因素还少吗？比如，你做一个什么样的课题？你选一个什么样的方向？为什么到这个问题上就以功利或者不功利作为挡箭牌，阻止自己去考虑写作的因素？仔细想想，我认为这一点是讲不通的。当然，不同的人可能还会有其他不同的解释，还会有其他各种各样的理由。比如，有些人在做科研的时候不考虑写作的因素，是完全照顾自己的兴趣，等等。不同的人会有不同的解释。但是，我认为如果每一条理由你都去讲的话，是都讲不通的，所以在这里，我想强调的是，我们在做科研时，不能惯性地滑到写作这样一个环节，我们应该有意识地去考虑写作因素。实际上这是很难的。很多人不这样去做，但如果你真的这样做了，你会发现其实这并不容易做到。因为写作是带框架的，而研究往往是开放式的一种思维状态。上面这个反馈，是说写作可以反过来影响我们的研究，能够注意这一点的人就更少了，因为在国内很少有人真正地去做学术写作的研究，对学术写作其实是没有多少了解的。我经常开玩笑说，哪怕你拿到博士学位，你的写作水平基本上跟一个高中生也应该是差不了很多的，原因就在于，自从你上了大学以后就停止了语言方面的训练，除了你学英语，或者说你所学的其他外语，除了这些语言方面的训练，事实上，你在汉语方面的训练基本就停留在高中阶段了。更何况学术写作不是一般的写作，它还有一种语言，叫作学术语言。我们每个人都可以回想一下，自从上大学以后，你什么时候接受过专业的、系统的、科学的学术语言训练？实际上，在我们国内的高等教育领域，有关学术写作的训练几乎是一个空白。从微观的角度来讲，这也是导致我们很多人写论文难、发论文难的一个制度性的原因，并不仅是个人的原因。从我们个人的角度来讲，我们在做研究时，应当有意识地考虑写作的因素。我们在写作时，应当有意识地考虑写作对我们研究工作的反馈，这是我们可以做到的。对于制度的因素，没有人能够轻易地改变，但是像这样的微观问题，我们只要自己多加注意就可以。

写作与投稿之间也有一个微循环。在写作时，大家是不是会考虑投稿的因素？几年前，我认为很多人写论文就是为了发表，但是后来我发现其实不是这样的。一部分人写论文不是为了发表，这样一部分人很可贵，我们不展开。我发现还有很多人写作其实是为了发表的，但是，他在写作的过程中，不考虑投稿方面的因素。比如，你在选题的时候，是否考虑什么样的选题符合学术期刊的要求？你在组织论文框架的时候，是否考虑对于同样的一个选题，你以一个什么样的框架、什么样的结构去写，会使之更符合你的目标期刊的要求？我发现很多人其实是不考虑这方面的因素的。他们在写作时，惯性地、自然地就滑到投稿的环节，他不主动地去考虑投稿的因素。当然，投稿对写作也是有一个反馈的，比如，发表论文比较多、投稿经验比较丰富的作者，他对学术写作有一套自己的理解，就是因为他的投稿经验多，发表的经验多，所以可以反馈到论文的写作中。

投稿与审稿之间也是有一个微循环的。在投稿时，你是不是有意识地去考虑编辑审稿的因素？我们说一个最简单的例子，投稿时，你是选择邮箱投稿，还是在线系统投稿，或者是邮寄纸质的打印稿？你要考虑编辑用什么平台审稿，然后你就用什么平台去投稿。如果编辑用线上的采编平台，那你给编辑寄打印稿有什么用呢？这是一个比较典型的例子，我们在投稿时要考虑审稿的因素，但是，这个因素比较肤浅，还有更深层次的、更复杂的因素，我们其实是较少考虑到的。比如，编辑就是论文初审环节——第一道关口的把关人。我们投稿之后，是否考虑自己的稿件与编辑、审稿人及期刊要求的匹配问题？作者应该有意识地、主动地去考虑这些方面的因素。当然，这几年有一个比较好的现象：越来越多的作者开始很认真地考虑这个问题，不再将自己的论文盲目地、漫天撒网似的去投稿，甚至有人已经开始研究自己所属领域的核心期刊到底有多少本，每一本期刊有什么样的特色，我觉得这是一个比较好的现象。审稿反过来也会影响投稿，因为投稿活动一旦开始，就要面对杂志社的人，开始跟编辑和审稿人打交道，甚至在终审环节，可能会跟期刊的主编打交道等。在跟他们打交道的过程中，你会积累很多有利于写作投稿的经验。在这里，就是用第三个反馈的箭头来表示，作者要多去考虑审稿过程内部的一些因素，这些因素也会影响我们的写作与投稿。

经过审稿以后，会有一部分文章进入发表的环节。事实上，最后一个环节作者也在参与。我认为很多人都有一个消极的意识，就是他们总感觉自己是被选择的人，总感觉自己的论文是被选择的。实际上，你的论文确实是在被审，但是，我一直反复强调，从论文写作直到论文发表，都应该是一个学术对话的过程。不要总把自己放在绞刑架上，总等着别人来裁决自己的命运，我觉得这种态度是消极的。你在参与，在跟编辑、审稿专家进行一场学术对话，进行一个共同推动稿子发表的活动。在这个过程中，你要考虑发表的因素，能够做到这一点的作者是很少的。因为这其实是需要站在期刊的角度去考虑一些问题的。比如，你的论文发表后能带来多大的学术影响？能给这本期刊带来什么样的影响？是否能够提升期刊的影响因子？是否能够提升期刊的学术影响力？与前面几个环节相比，能够做到这一点的人是最少的。大多数作者在审稿环节过于被动，你之所以过于被动，就是因为你往往只考虑自己的问题，而不站在杂志社的立场上去修改自己的稿子。

当然，你的论文发表以后，对你的审稿、投稿和写作，也会形成一种反馈，而且每两个相邻环节之间都可以形成一个反馈。因为你的论文发表以后，会带来一些其他层面的影响，因为我们知道学术期刊不是学术，学术期刊的本质是期刊。从这个角度来讲，你的论文发表以后就已经进入学术传播的后期，这时，因为会有一些学术的影响、一些社会的影响，不管是正面的影响，还是负面的影响，你的论文可能会被大家看到，那么会有多少人引用你的论文？你的论文发表以后，会引起多大的反响？当然，大部分论文发表以后，没有引起什么反响，但不论怎么说，论文发表是可以倒逼我们的科研的，是可以倒逼我们从科研一直到发表之间的每一个环节的。这就是从微观的角度来解释，为什么投稿经验比较多的人，他对于科研写作有一套自己的解释，有一套自己的经验，就是因为他们后期很多的经验可以倒逼前期的工作。我们大概地梳理了一下微循环的过程，现在就过程里面的一些问题进一步展开讨论。

我们看一下写作到投稿这个环节。刚才我们讲到，在写作时，你要主动地去考虑投稿的因素。你的投稿行为、你的过程、你的经验都可以倒逼自己的论文写作。事实上，我觉得有些人比较关心的问题是：论文写完以后，怎么去投稿命中率会更高？那么，围绕写作结束后去投稿这个环节，你考虑了什么问题，考虑到了哪些因素，从而能够提升自己投稿的效率以及投稿命中率？我们刚才讲到，在论文写完以后，要充分地考虑到论文与学术期刊的匹配度，这个匹配大概包括哪些方面？我们先说一些硬件方面的内容，比如期刊设置的栏目，期刊需要哪些方面的稿件，这是比较容易观察到的。我们再说一些不成文的潜规则，比如，期刊对你所属单位的层级，对你的学历、职称有没有要求？这些问题也一定要考虑。近两年来，越来越多的期刊会把一些要求直接明确写出来。有一些开放度比较大的期刊，会在期刊征稿细则里面明确一句话：本刊不收硕士以下学生的稿件。再比如另外一句话：具有博士学位或者副高以上职称的稿件在同等情况下优先录用。期刊都这样声明了，你就必须要把这些考虑在内，虽然这是一些不成文的规则。

我们现在考虑稿件本身。从稿件的形式方面来看，稿件的字数或者篇幅是不是符合期刊的要求？期刊明明就倾向于发表 1 万字以下的论文，你非要投一个 3 万字的论文，我认为这是对期刊的不尊重，因为在期刊征稿细则里面写得很清楚了，它就是要 1 万字以下的论文。你为什么非要投一个 3 万字的论文？除非你能够给期刊一个很明确的理由，能够说服期刊发表你这篇 3 万字的论文，否则你就要遵守期刊给出的规则。形式方面的因素可以再细致到标题、摘要、关键词、前言、正文的结构，甚至结语和参考文献上。比如，至今仍然有一部分学术期刊，虽然它们也被收录到了核心期刊目录里，但这部分学术期刊是不带注释和文献的，这样你就要考虑，人家肯定是不要文献的，如果你非要弄上文献，也是没有必要的。既然你投了这本期刊，那么你就要遵守这本期刊的规则。再比如论文的标题，期刊已经明确表示喜欢一行题，不喜欢两行题。那么你就应把你的论文标题改成一行题，不要写成两行题。期刊喜欢什么样的形式，作者就要把论文调整成它喜欢的形式。再比如，期刊要求摘要不要超过 300 字，那你就不要超过 300 字，如果你的论文摘要超过了 300 字，到时候它也会让你进行删减。所以，作者还不如从一开始就按照期刊的要求来做，再进行投稿，包括后面的审稿，这样可以减少很多工作量。在前期自己能够做到的地方，就不要让编辑指出来，我们其实也是从减少编辑工作量的角度来考虑这个问题的。再比如，观察期刊所发表的文章，有的期刊每期发 20 篇论文，其中有 15 篇都没有前言，那么这就可以反映出这本期刊的倾向。这时你可以不写前言，即使要写，也不要把前言写得很长。比如，有的期刊喜欢前言大概在 300 字以内，那么你就写 300 字以内的前言，不要把太多的内容放到前言里面。如果你认为这部分内容很有必要，那么可以把它放到正文里面。像这些东西，我认为大部分人是考虑不到这么细致的。

因为涉及选题，每一个学科中论文的内容的差异是比较大的。法学的 15 本期刊里面，每一本期刊都有自己的特色。如果具体到论文的选题，其实每一本期刊都有自己不同的选题倾向，有时候也叫作选题偏好。

我们再来看从科研到写作的环节。在这个环节中，我最想强调的一点是我们要综合考虑各种因素。我们在做科研工作时，还是应该考虑写作的因素，不管你的论文最终是不是为了发表，都应该考虑写作的因素。写作倒逼科研，就像发表倒逼审稿一样，它可以提升你的科研质量，而不是削弱你的科研工作。很多人有一个担心，认为如果自己在科研的环节过多地去考虑写作的因素，会不会限制自己对科研的兴趣。因为我们知道科研工作最可贵的地方在于它是一种比较开放的、一种照顾到科研者本人兴趣的、比较自由的工作状态，这是科研工作最宝贵的地方。但是，对大部分人来说，其实不会面临这个问题。比如，我们今天所有来听讲的人，你们什么时候面临过这个问题？你们什么时候想过：在选题时，你是先做一个课题还是别的什么东西？如果你的论文要发表，它会不会影响你的学术兴趣？对于大部分人来说，其实是不存在这个问题的，这个问题只对极少数的人才成立，尤其是在当下的学术环境里，这个问题对大部分人来说更是不成立的。虽然有很多人以此作为挡箭牌，不愿意在科研环节去考虑写作的因素，但这是一个假象，可能是不成立的。有的人开玩笑说，你太把自己当回事了。但其实大家仔细想一想，有这个问题吗？科研与写作真正的矛盾在哪里呢？其实就是一个自由与不自由的问题。因为我们每个人非常虔信地追逐自由，追求一种自由自在的状态，去做自己愿意做的事情。而你若考虑写作的因素，这将会限制你的自由，因为写作是有很多规则的，包括形式、内容等，这跟我们人的天性是有矛盾的。但我们说了，所有的自由都是相对的自由，没有绝对的自由，所有的自由都是一种过程自由，没有结果的自由。但是，很多人把自由当成一种静态的结果自由，给自己绑架上了一个非常高、大、上的状态，结果导致在做很多宏观的事情时不成功。比如，很多人想问题时天马行空，想象力特别丰富，一旦落实到真正去做具体事情如真正写作的时候，思路就打不开了，觉得自己受到了限制，其实这是自己造成的，与科研和写作没有多大的关系。这是自己的习惯造成的，也是我在科研到写作环节最想强调的一点。大家在做科研时，就要考虑到写作的因素，这可以提升我们的科研质量，而不是给科研带来限制，这与我们很多人的感觉其实是相反的。尤其是如果我们再考虑很多现实因素，那就更是这个道理了。

这一部分从学术研究和论文发表的微观角度，探讨了为什么我们会面临论文发表难这样一个问题。原因就在于极少有人会把论文发表难这个现象，从一个微观的角度做一个过程的思考。我们见人就说论文发表多么难，好像这在每个人的头脑中都成了一种刻板的印象，成了一个死的东西。但是，如果我们把它拆开，把它分解了，对它做一个过程的思考，那么我们会发现，我们在某一个环节有很多欠缺，我们面临着论文发表难这个问题，它只是一个结果，其实还有很多原因。比如，我们在第一部分探讨了宏观方面的原因，我们在这一部分探讨了微观方面的原因。宏观方面的原因有很多是我们把握不了和控制不了的，有很多的问题，没有人能够改变。但事实上，按照我们刚才讲的内容，对于微观方面的原因，我们每个人都可以有意识地去控制，去提升自己，我们能够做出努力的，可能也就是这些方面。我们在做科研工作的时候，要有意识地考虑后面的环节。在写论文时，要有意识地考虑自己的论文是要发表的。在投稿时，要有意识地考虑、参与审稿的过程，而不是等待，让自己处于一种被动消极的状态。当我们有意识地去参与审稿的过程时，就会有意识地站在编辑的立场上，站在期刊的立场上，去考虑发表的因素。这些是我们每个人都可以通过自己的努力，让自己得到提升的。落实到论文写作的时候，就是一个科学系统的学术写作训练，这是可以通过自己的努力得到提升的。落实到论文发表上，就是去训练自己在投稿、审稿、发表三个环节的系统性知识，你不能说我又不是编辑，我为什么要考虑编辑应该考虑的问题？这是一种逆向思考的态度，这个事情要和编辑打交道，要和编辑沟通、交流。如果你不发表，这就是一件无所谓的事，但既然你是要发表论文的，你就要考虑这些因素，你就要为编辑考虑，为期刊考虑，其实最终你是在为自己的论文考虑，因为最终发表出来的是你自己的论文，是署着你的名字的论文。所以，这是我所强调的从微观的角度来解释我们为什么面临论文发表难这样一个问题。同时，这也说明了有哪些事情、哪些工作其实是可以通过我们自己的努力去改变的。

在国内，不管是文科还是理科，搞学术研究的大部分人都面临着论文发表难的问题，但是，没有哪一方力量主动地来解决这个问题。比如，我们的大学有做过这样的努力吗？我们的教育部门、出版部门，有做过这样的努力吗？没有哪一方力量致力于解决这个问题。但这是我们很多人共同面临的一个问题，那么对于我们面临的问题，我们大家应该共同努力来解决。当然，这个问题的解决并不是一天两天的事情，它可能需要长期的努力，但我相信，通过我们的长期努力，情况是会改变的。比如，有一位经常来听我讲座的台湾同学，我跟他有过交流。台湾所面临的论文写作难的问题比较特殊，因为台湾对论文的要求比较特殊，他们面临的论文难发表的程度要比大陆低，原因在于台湾的高中教育体系中有专业的、系统性的训练。我认为这是有很大区别的，这也是论文发表难度不同的一个很大的原因。我们大陆的很多同学在面对论文写作难、发表难的问题上，之所以认为这是一个非常大的问题，原因就是在我们的教育体系里面，缺少了这样的一块教育。我曾与陕西师范大学的一位博士生导师进行过一次交流。他说："其实我们也想过，作为导师，我们都希望自己的学生能够写论文、发论文，不要在这个问题上卡住，不要遇到自己学术生涯良好发展的障碍，但是这很难做到。因为关于写作、关于发表的整套内容，不是一个显性的知识体系，而是一个隐性的知识体系。比如，你的论文应该怎样写才更容易发表，这是有规律的。但这个规律是隐性的，不是显性的，这个规律可能存在于很多学术期刊编辑的头脑中，可能存在于很多在论文写作和发表方面比较有经验的优秀作者的头脑中，可能存在于关于学术研究、关于写作学的很多理论成果中，但不管怎么说，它非常分散，是一个隐性的状态，而不是一个显性的状态。"

那么，作者应该怎样跟审稿人沟通？我发现不同的作者拿到审稿人的意见后，有五花八门的理解。有的作者认为：这是什么专家呀？连我写的内容都看不懂，为什么要给我提问？有的人认为：这个意见根本就是错的！还有人认为：在这个问题的理解上，自己的理解比审稿专家的理解更高明，认为审稿专家的水平很值得怀疑。这种不认真、不负责的心理会导致作者没法去修改论文，这个结果对论文的发表来说是很不利的。你完全可以做到与编辑、审稿人形成一个平等的学术对话的关系，产生一种生动的学术沟通，为什么你不这样做？为什么永远都缩在自我的龟壳里，不愿意站出来跟他们对话？为什么非要觉得他们的意见是错的，觉得自己是对的？其实在很多问题上，尤其是文科中的问题，是没有对错之分的。不同的人看待同一个问题，会有不同的意见，为什么非要说他们的意见就不如你的意见高明？这是没有道理的，他们只是跟你持不同的意见而已。

问　答

Q：在大数据时代，应当如何发表有个性的论文？

A：这个问题是非常宏大的。其实在我们的优秀论文目录里面，如果大家仔细看这些筛选出来的论文，应该会发现 2/3 的文章都是非常有个性的，作者的观点都是非常独到的，或者说研究的问题本身就是非常有新意、非常有意思的，问题本身就非常好。所以，我认为你自己的学术兴趣，或者自己的个性，与论文、期刊和编辑之间不矛盾。我记得之前我们的艺术学优秀论文目录公布出来之后，其中一个艺术期刊的主编就说我们筛选出来的论文，跟他们 2015 年度所认为的，他们的期刊所发表的优秀论文有很高的重合度。我们认为的好论文，他们也认为是好论文。那么好论文的共同特点是什么呢？就是选题本身具有很大的创新性。选题本身就可以彰显作者的学术个性。你的学术个性与论文、期刊、编辑之间其实并不矛盾，好的东西大家都会认同，这方面不必过多地去考虑。从另外一个方面来看，你的论文好不好，你自己是可以感知的。论文好或不好，不应该等待别人评价，你自己是可以感知到的。我经常批评很多人，我说你的论文写成这样，难道你自己不知道吗？为什么还要投稿？他说，我知道。那你明明知道你论文有问题，为什么还要投稿？他说，他就是想试一试。这是什么态度？这是一种不负责任的态度，明明知道自己的论文有问题，为什么还要投稿？好论文你自己是可以感知到的，不一定要等待别人去评价。什么样的论文是好论文呢？我经常说，你自己认为好的，就是好的。如果你自己认为你的论文好，那么它成为一篇好论文的可能性就是非常大的。我们平时说的所谓好的论文、不好的论文，你自己是可以感知的，不一定要等待别人的评价。

Q：如果想自己发表的论文相互联系，最后在自己发表的论文之间形成一个比较完善的体系，可以从哪些方面去努力？

A：这个问题比较有代表性，它涉及我们讲到的科研与写作这两个环节的微循环，涉及论文的写作跟自己的学术研究如何形成一个良性的互动问题。有一个一直跟着我写期刊小论文的学生，我们从讨论一个期刊小论文的选题开始，就讨论出了一个非常有价值、非常好的选题，这个选题至少可以写出五篇期刊小论文，同时可以把它做成课题。也就是说，从一开始，你就要有一个框架。比如，最近有一个济南大学的老师想跟着我做一个课题，我对他说，从一开始你就要对你的研究有一个宏观的框架。从大的方面即课题的角度来讲，整个研究最后要形成一个什么样的研究成果，在这个过程中你大概要写几篇期刊小论文，每篇期刊小论文写什么，落在你做这个研究的哪个环节，从一开始是要做一个整体设计的。我们经常讲学术策划，学术策划这个概念在国内不是很流行，但在国外的很多国家，比如美国、德国、日本，学术策划就是一种常识，包括学术研究的策划、学术会议的策划以及各种各样的学术活动的策划等。那么，落实到我们的研究与写论文这个问题上来，你前期是可以做一个策划的。尽量不要盲目地写，因为盲目写作是要付出沉重代价的，有些人因为前期的准备工作做得不好，发表论文没有计划，因此申报课题屡报不中。我以前还举过一个例子，为什么同样都是读四年博士，有的博士四年能发表六篇C刊论文，而有些人发两篇C刊论文难度还这么大，这就是前期规划和不规划的差异。这个问题其实也是这样的。你在做一个研究时，要从整体上先对它做一个规划，最终大概要形成一个什么结果，在这个过程中，你要写几篇小论文等。

当然，如果你觉得有难度，那也可以进入学术写作大讲堂写作社群，我们的群里面卧虎藏龙，各方面有经验的人非常多，可以共同讨论。有很多问题，你不跟别人讨论的时候，可能会觉得这是一个很大的问题，但当你跟别人讨论过后，会发现这些问题变得简单多了。当然，我们中国的学者有一个不好的传统，就是搞学术研究时，自己写论文，自己做课题，不愿意跟别人交流，我觉得这是一个很不好的传统。学术的进步、学术研究能力的提升，是在一个交流的、开放的状态中才能实现的，如果你总把自己封闭在一个屋子里面，你的提升可能也就只能到达屋顶，这是不利于论文的写作与发表的，是不利于科学研究的。学术，本身就是一个公共性的东西。比如，你的论文发表以后，虽然署了你的名字，但是它的公共性非常明显，你做的事情就是一个公共性的事情，为什么要把它做成一个非常自我、非常封闭的过程？我们不要这样做。

第六篇 怎样克服初稿“难产”

本篇的主题是怎样克服初稿“难产”。在论文的写作过程中，有几个环节难度是比较大的：第一个环节是选题的环节，这在前文中已有说明；第二个环节是初稿的环节，这个环节的难度也是非常大的；后面还有几个环节，比如，论文的修改环节、投稿环节等也是很有难度的。这次主要围绕论文初稿展开讨论，我把论文初稿写作的难度比喻成“难产”。之所以这样形容，是因为对很多人平时的观察和调查数据显示，在写论文时，大概有35%的人，都是卡在初稿写作这个环节的。当然，如果跟选题环节相比，这个比例还不算高，因为大概有60%以上的人，都会卡在选题环节。但是，为什么会有35%左右的人卡在初稿环节上？这是因为我们在初稿写作时存在很多误区，本章将从初稿写作的错误观念和由这个错误观念带来的行动困境的角度，来探讨怎样才能提高初稿写作的效率。

本章内容主要包括三部分：第一部分，初稿在论文写作中的地位；第二部分，由错误观念导致的行动困境；第三部分，快速启动初稿写作的五个方法。

➢ 初稿在论文写作中的地位

大部分人都认为初稿在论文写作中的地位是非常重要的。如果我们梳理一下学术写作这个领域中的相关文献，就会发现关于初稿写作的地位如何其实是有一场争论的。大概在 20 世纪 70 年代，美国有两个研究学术写作的学者就开始讨论学术写作了，比如，选题、初稿的写作、论文的修改等。关于初稿的位置当时是有争论的，如果大家感兴趣，可以在网上搜一下相关内容。大多数人普遍认为初稿在论文写作中的地位是非常重要的，基本上没有人认为初稿的写作是不重要的。我的观点是，我认为与论文的选题和论文的修改相比，初稿写作是排第三的，这是我个人的观点。我这个观点其实是想启发大家，当我们在讨论初稿写作到底重不重要时，我们到底讨论的是什么？这个问题我问过很多人，很多人都把初稿和论文相混淆了。很多人说初稿在论文写作的过程中是重要的，其实他的潜意识是在说，论文的写作这个环节是重要的。如果我们把选题、写作、修改这个过程拆分开，你会发现很多人讲的是：写作是重要的，而不是初稿写作是重要的。大家可以仔细思考一下，我们通常所认为的初稿在论文写作过程中的地位，我们讲的其实不是论文的初稿，而是论文本身。

➢ 由错误观念导致的行动困境

在这里，我把论文的初稿写作很重要这个观念，归为一种错误的观念。当然，这个错误不是说到底谁对谁错，而是讲什么样的观念更有利于论文的写作，更有利于高效地推进论文的写作，我把它归纳为论文写作观念上的误区。论文写作这个观念的误区其实有很多种。比如，我们之前讨论过什么是论文，介绍过关于论文静态的理解和动态的理解。再比如，我们也介绍过关于选题的一种静态的理解，还有一种动态过程的理解。那么，现在又出现了一种论文写作观念上的误区，而这个观念会导致我们在论文写作时，即在行动上面临两个问题。

第一，在初稿写作时，因为怕写不好，所以有人会非常小心，步步为营。很多跟着我写论文的人，都卡在了初稿写作的环节上，大概有 35％这样一个比例，他们就是陷入了“初稿写作很重要”这样一个观念的误区中，以致在写作时，标题改上三遍后还觉得不行，总感觉表达不够好，列上五遍觉得还不行，还要再调整标题的长度。我把这称为步步为营、精益求精，我认为这是一种写作的误区，进而导致写作困境。相反，我认为论文的初稿写作完全是没有必要这样做的，因为你写的仅是一个初稿。在论文的初稿写作时，没有必要步步为营、精益求精。写论文经验比较多的人会有深刻的体会，在论文初稿写作时，精益求精，甚至为了语言的表达琢磨半天，这就是一种静态的、一种基于结果的论文写作的误区。一个动态的基于过程的论文写作应该是，不去纠结论文的初稿写得好不好，因为绝大部分人做不到论文写完之后，就可以直接发表了。论文初稿写完之后，要经过很多次的修改才能达到可发表的水平，所以在初稿写作时，完全没有必要步步为营、精益求精。因为不管你在初稿写作过程中有多努力，你都不太可能在写完稿子后，直接就能达到一个投稿发表的水平，这种可能性是很小的。

第二，由这种错误观念给论文写作带来的行动困境，就是你不知道什么是修改。因为你一直耗费很大的精力投入初稿写作中，这会给你带来一种当你写完稿子时，就认为自己的稿子已经很完美了的错觉。但事实上，我们都知道稿子写完后，正常情况下是不会直接达到投稿发表的水平的，但是由于你重视初稿和认同步步为营、精益求精这样的一种错误观念，因此会给你带来一种错觉。这种错觉就是，当你写完稿子以后，就会认为自己的稿子已经很完美了，不用修改，不愿意修改或者认为自己的稿子完全没有必要修改。论文写完以后不重视修改，这也是很多人的一种错误观念，或者说是一种不好的写作习惯。为什么论文写完以后，很多人不愿意修改呢？为什么不重视论文的修改环节？为什么会产生这样一种观念？我认为之所以很多人不重视论文的修改，有很大一个原因就在于这些人认为在自己论文初稿写完以后，稿件就已经很完美了，他们也不会让别人去看自己的论文初稿，甚至都发现不了自己论文里面的问题。这是我们所讲的由论文初稿观念的误区导致的论文写作的行动困境。

接下来有一个小提示：如果我们认为论文写作的重要性是100%这样一个比例，那么在论文的选题、论文的初稿还有论文的修改三个环节上，它的重要性该如何分配呢？论文选题的重要性比例大概要占 50%，论文初稿的重要性比例占 20%，论文修改的重要性比例占 30%，也就是说，我们进一步认为论文初稿的写作是不如论文修改环节重要的。我们可以这样理解，在论文的整个写作过程中，选题是最重要的，它意味着我们在写论文的实际行动中比较重视选题环节。假如写一篇论文需要 10 个小时，其中要有 5 个小时放在选题环节，然后用 2 个小时把论文的初稿写出来就可以了，最后用 3 个小时的时间去修改和完善。对很多人来说，这种对论文不同环节重要性的理解与我们平时的写作习惯是相悖的。很多人对论文写作过程中各个环节重要性的划分甚至是颠倒过来的。他们在选题时，大概也就是用一两个小时，头脑一热，想起什么就写什么，一两个小时把它搞定了，然后就采取步步为营、精益求精的写作方式在论文初稿这个环节浪费很多时间。比如，跟着我写论文的人中，有很多人在论文初稿写作的环节能够浪费两个月的时间。我问他们，两天就能完成的工作，为什么要用两个月的时间完成呢？他们说不行，每个地方我都要引用文献、看文献，包括语言的表达，说了一大堆的理由，两天绝对写不完，必须用两个月才能写出来。而在论文的修改方面，他可能会用五六天顶多两个星期的时间来修改。如果我们仍然用十个小时的时间来看，那就是论文的选题一两个小时，初稿的写作七八个小时，论文的修改一两个小时，很多人的写作习惯都是这样的。当然，不同人的理解和他的写作行动会有所不同，我刚才列举的情况，可能仅代表了一些极端的情况。但是，关于论文写作长期的研究和数据统计结果显示，一篇高效的论文写作过程就应该是这样的：要把主要的时间和精力放在选题环节，其次是论文修改环节，而论文初稿的写作环节不需要耗费太多精力和时间。如果你耗费过多精力投入这个环节，那么可能会导致很多问题。我们都知道有一句话叫“好稿子是改出来的”，这句话我们并不陌生，但是很少有人真正地能够做到这一点，就是因为我们没有重视论文的修改环节，反而认为论文的写作环节才是重要的。到现在，很多人还是持有这样一种观念。我刚才打了个比方，假如你写论文需要十个小时，要有五个小时放在选题环节，主要就是时间和精力的投入，你的头脑要有一半的时间放在选题上。这里所讲的选题占50%的重要性和时间分配上的问题，其实就是单纯地指论文写作。假如你有100天的时间完成一篇论文，那要有50天的时间放在选题环节上。学术研究是一个长期的发现过程，很少有人忽然说要研究一个陌生的东西，然后就能写出一篇很好的论文，这种可能性是不大的。学术研究是一个长期积累的过程，但学术研究并不是论文写作。在文科中，很多人分不清学术研究和学术论文写作。当然，分不开有它很特殊的原因，比如，在自然科学领域中，前期靠研究，然后做实验，实验结果出来后接着开始写论文。在文科中，有一个跟自然科学很不同的地方——写论文与做研究往往是循环往复的。我们以学术论文为例，如果你是一个硕士，可能在硕士二年级的下学期你就要开始为你的学术论文做准备了；如果你是一个博士，你可能会在博士二年级或三年级就要开始准备初稿的写作了。仔细想想，其实很多人都是将学术研究与论文写作这两个事情同时进行的，这是文科不同于理科的一个地方。因为文科的学术研究与论文写作的这样一个特殊性，我们就不能把学术研究与论文写作混为一谈，因为它不符合我们的常识。我们的常识是，论文写作其实是一个学术过渡阶段，已经开始向学术传播的阶段过渡了，它是学术研究与学术传播之间的一个过程，它其实已经走出学术研究了。但是，在实际行动时，为什么很多人将学术研究与论文写作同时进行，就是因为你在开始写论文之前，缺少一个厚积薄发的过程。当然，也有很多现实的原因，比如，我们整个社会的大环境，等等。但是，我们不能让这些客观的原因来混淆我们在观念上的理解，我们要诚实地告诉自己，它们就是两个不同的东西。但是，为什么一到写论文的时候，我们就忘记了这一点？我们并不能说是由很多客观原因造成了我们写作观念上的混淆，因为这种观念会带来很多不利于论文写作的后果。至少在观念上，我们要澄清学术研究与论文写作是两个不同的东西，就像我们在观念上要重视选题，不要把主要的时间和精力放在初稿写作环节一样。至少在观念上，我们要把它表现出来，在观念上澄清，这样我们才有可能让论文写作变得高效。每一个环节、每一个因素都朝着一个把论文写作过程变得简单、变得高效的方向发展，这是在这部分我想强调的内容。我们整本书其实都是在讲学术研究、学术写作、学术传播。用一个过程的角度去看待这个事情，很多人对这个观念并不陌生，这个观念也是符合我们常识的，但是，在很多人的正常理解里，很少有人能够把它分开。比如，一般人都会说我是搞学术研究的，这当然没有错，但是如果你把自己的工作从一个过程角度来看待，那就绝不只是做学术研究。如果按照这个说法，我是做学术研究的，我就不应该写论文。事实上，写论文是很多人必须去做，或者说在正常情况下我们也应该去做的事情，不管有什么样的现实原因，不管你愿不愿意。

再看一下初稿的写作。大部分学校都是在硕士二年级的下学期开始进行硕士论文的工作。事实上，有很多学生可能会拖到硕士三年级的上学期才开始进行写作，所以，实际上留给我们的论文写作时间，也只有五六个月的时间，我认为留给初稿写作的时间最多不能超过一个月，因为硕士论文大概需要 3 万字，后面还需要时间进行修改，选题过程大概需要两个多月的时间。因为我们基本上都是在讲期刊论文，如果你按期刊论文的要求去写学位论文，那这个标准显然就高了。但是，也有标准基本一致的情况，比如，前几年，香港科技大学有一位跟着我写博士论文的学生，我发现香港对于学位论文的要求，有点接近于内地对期刊论文的要求，它的标准很高，而内地对学位论文的要求实际上是很低的。如果用期刊论文的标准去卡自己的学位论文，这种论文写起来难度还是很大的，但是如果你有这样的一种观念和意识，你的学位论文写出来以后，质量就会有很大提高。而且我们从功利的角度来讲，它也能避免半途而废，因为我们经常听到这样的例子，有些人的论文已经写了一半，又倒回去重新选题，甚至有人出现不会选题的情况，这种代价是很高的。这种问题的出现就是因为在早期的选题环节，没有下功夫把自己的选题做好。如果在论文的选题环节下了足够的功夫，那么之后的论文写作过程就会很顺利。因为选题不是一个标题，我们之前讲过，应当把选题分成几个步骤一步一步地去琢磨。当你的选题出来的时候，论文的整个方向就出来了，因为我们在选题环节花的时间到位，论文框架在后期写作的过程中就不会反复修改。我有时候开玩笑说，只要选题做好了，论文的写作就是一个填空题，因为你要写的东西有了，你的框架和结构也都确定了，后面就是围绕着你的观点展开理由，围绕你的理由提供论据，这会变得很容易。但如果在前期选题环节，你没有下足够的功夫，你后面的写作就会很难，后面的过程就会非常复杂。因为你要一边写，一边调整选题；一边写，一边去组织论文框架；一边写，一边去展开理由的阐述以及论文材料的收集，工作量就会变得非常庞大。而且，如果是学位论文，还会有一个特殊的情况，就是你会写得很着急。在这个过程中，你要做的事情越多就会越着急。所以在我看来，这是一种不科学的写作过程，你应该把大量的时间和功夫下在前面，这样后面的写作过程才会顺利。

➢ 快速启动初稿写作的五个方法

如何快速启动初稿写作？我认为有五个方法，或者说是五种技巧。初稿在论文写作过程中是不重要的，这就意味着在这个环节，我们要花最少的时间、投入最少的精力。这也意味着我们必须有些方法，去逃离我们原来在论文初稿写作过程中投入大量的时间和精力的一种状态。在这里，我提出五个方法供大家参考，我们将分别进行介绍。前三种方法是在国外非常经典的关于论文写作的调查中提到的三种方法，这也是在学术写作这个领域发展比较好的一些国外的大学尝试了好几十年，经过很多人的检验后，提炼出来的三种方法。后面两种方法是我提出来的，我们分别来看一下。

第一个方法，情感推动——写信的方式。对很多人来说，写论文是一件很大的事情，一想到写论文就头疼，怎么办？那么，这里有一种方法——写信。一般从形式上来说，信件的开头都是尊敬的某某或者亲爱的某某，下面就是主观性很强的、色彩非常浓厚的主要内容，不管是从形式上看，还是从内容上看，写信跟写论文的差异都是非常大的，但是为什么在国外有人提出写信是论文初稿启动的一种很好的方式呢？因为它蕴含了两种东西：第一，情感。情感推动文字写作，因为我们很多人写的论文都是冷冰冰的，不管是从观点上看还是从语言上看，我经常说，没有温度就打动不了读者，整篇论文非常像一篇论文，但是看不到温度，看不到人的影子，有一个词叫“文如其人”，但是，现在很多的学术论文都看不出论文的作者是什么样的。因为他的整篇论文没有温度，没有情感，读者从文中看不到作者的关怀，看不到作者主观想表达的东西是什么。通过写信这种方式，我们就解决了这个问题，因为写信是情感的桥梁。第二，对话意识。因为写信必然有一个收信人，不管你的信是写给谁的。我们在写作时都会有意识地跟另外一个人说出你想说的东西，所以，自然而然地就会产生一个对话的过程。当然，现在很少有人写信了，跟女朋友发个短信，就在一边写一边想，对方看到我的短信后会有什么样的反应，我这样写会不会使女朋友生气，怎样写才能让女朋友高兴，你会自然而然地有一种对话的意识。现在很多的论文写作恰恰就缺少这一点，现在有大量的论文太像自言自语了，不考虑读者，不考虑受众，只考虑自己的观点，没有对话意识。但是学术写作领域的研究和常识都告诉我们，学术写作就是一种学术对话，尤其是当我们从发表的角度来理解这个问题时，我们就应当更注意这一点。如果不考虑这一点，很容易就会写得自言自语。如果你写成自言自语，那么很有可能出现一种危险的情况，那就是你的论文只有你自己能够感受和理解。当然，这是一种很极端的情况。但是，如果考虑读者少一点，自言自语的成分多一点，那么你的论文关心的人就会少一点，因为你在论文写作时，根本没有考虑其他人。那么，这就是写信给我们带来的有利于我们论文写作的东西。

第二个方法，讲故事。我记得有一位广东的同学，他在确定了选题，开始论文写作的时候，迟迟没有动笔。最后，我跟他说要是再不行就用讲故事的方式。当然，他也有很多疑虑，比如，如果用讲故事的方式把论文写出来后，怎样去调整论文，总不能把一个故事当论文去投稿，这显然是不行的。我跟他说不要有这些疑虑，因为我们后续会有一些办法来解决这个问题，至少用讲故事的方式是可以解决论文初稿迟迟不能动笔的这样一个写作障碍的。那么，讲故事为什么会推动论文初稿的写作？原因有两个：想象推动和它的结构性。我们先说第一点。看直播、听别人讲述、看文章——不同的传播方式，推动力是不一样的。论文的写作，既不是现场直播，也不是语音传播，它主要还是靠文字传播，文字传播的方式特别强调想象力。我们都知道在讲故事的时候，要充分发挥自己的想象力，小时候我们听别人讲故事，长大后我们可以给别人讲故事，我们都知道要把故事讲得有声有色，故事情节还要非常连贯。如果有这样的安排，到最后你的故事就会越吸引人，因为它有一种自然的推动力。第二点，在讲故事时，一开始可能会有一些铺垫。当我们把前面所有该交代的，如在一个什么样的环境中、什么时间、什么地点、什么人，都交代完后，才开始拉开序幕，慢慢地就会有一个高潮。有的故事不止一个高潮，高潮结束后还有一个结尾，最后有一个谢幕，故事的结构性是非常明显的。那么，这和我们的论文写作有什么关系呢？故事的结构可能更多地涉及形式方面的要求，我把论文拆分得很细，把它拆成了八个方面，那么，当我们把一个故事跟论文写作相比较时，就会发现写论文其实就是在讲故事。比如，你的前言里面会涉及为什么写这篇论文，写它的意义在哪里。要有铺垫，还要交代别人写了什么，写到了什么程度等，但是还要有一些噱头。比如，对于这篇论文要干什么，作者只是提了一句，并没有阐述清楚，但这能够引起读者的好奇心。对于最精彩的东西，你只是点到，并没有在前言里面表达清楚，这非常符合故事情节的设置。我们在论文的正文环节的前期交代问题，因为你要把你写的东西说清楚。交代问题结束后便开始分析问题：如果是一个应用问题，你则需要给出一个对策和政策建议；如果是一个纯理论研究，你则需要论述这个研究所取得的成果和研究的结论性观点等，你需要联系你的正文展开广泛的联系。最后，我们也会有结语。那么，在论文之外，还会有一些注释和文献，这些注释和文献特别像我们在讲故事时那些小的点缀。我们讲故事的时候会有一条主线，主线上会有很多小的点缀，比如我们讲白雪公主，除了强调白雪公主长得特别漂亮之外，还会讲她穿了一双什么样的鞋子，戴了一个什么样的发卡，通过一些小的点缀来强调白雪公主特别漂亮。其实你是可以通过文献注释让别人看到你的观点是可以站得住脚的，你的材料是非常严谨的。所以，讲故事这样一种方法，它是从想象力和结构性两个方面来推动我们的初稿写作。

第三个方法，新闻报道。第三个方法特别适合本身就是学新闻传播学的人。我一直认为学新闻传播学的人，天生就应该会写论文，因为论文与新闻稿有很多共性。比如，新闻稿强调事实、真实、客观、中立等，这是新闻的一些基本要素。同时，论文也会要求你的阐述立场要客观，你的观点要客观中立，论文的语言表达不能有很强的主观性，要尽量少用比喻，要尽量少用形容词，不要有太多主观的东西，学术论文也是这样要求的。从这个角度来看，新闻稿和学术论文有很多的共性。那么，新闻写作这种方式为什么可以推动我们的初稿写作？因为新闻写作要求客观、中立地阐述自己的观点，而阐述观点本身就是一件非常主观的事情，但是，它又要求我们的立场、观点尽可能地去做到客观、中立。你的论文观点如果不朝这样一个方向去做，有可能很容易就会面临着一个风险。即论文发表了以后，遭到很多人的反对，或者说很多人对你的论文视而不见，因为他们觉得你这篇论文根本就是不对的。我们知道公共性与私人性是相互矛盾的。你的主观性越强，你的私人性成分就会越大。你的客观、中立越是朝着这样一个方向去努力，你的论文公共性成分就会越大。公共性成分越大，意味着论文的读者群体越广，这是从新闻传播的角度来理解的。当然，新闻写作这种方式还有一个推动力，就是报道事实。比如，我们都知道不能做假新闻，虽然在网络上，有些假新闻满天飞，但正常来说我们都知道，不能做假新闻，要做真实的报道。同样地，写学术论文也是这样的，你不能做假，不管哪个方面都不能做假。你不能剽窃别人的观点，不能抄袭别人的材料，在形式上可以模仿但不能抄袭别人的论文框架，等等。尤其是现在有人针对学术论文写作，发明了一系列反抄袭软件（又称反剽窃软件）。比如我们国内比较流行的中国知网的反抄袭软件等，国外也有很多这样的软件。不过这种软件其实只能解决表面的问题，如果你剽窃的东西不是通过文字表达出来的，或者，你剽窃了别人的观点，而你的表述方式不一样，那么这时，这种反抄袭软件是很难检测出来的。但是这种方式即事实推动这一点又在启发我们，论文的写作也应该更多地去尊重事实，不能有任何作假，如同新闻报道一样。我们主要是从新闻报道与学术论文共性的角度来阐述为什么写新闻的方式可以启动我们的论文写作。当然，还有一点，因为论文写作的结构性要素比较明显，比如，论文写作经常强调一些基本结构，如5W＋1H（who、what、whom、when、why、how）。而这些结构中的要素在学术论文里面完全适用，尽管随着发展，论文的要素越来越多，但这些基本的要素完全可以支撑学术论文的主体性内容。

第四个方法，囫囵吞枣。因为论文初稿的写作在整个论文的写作过程中是不重要的，所以在这个环节，你可以用一种囫囵吞枣的态度去写。囫囵吞枣很容易引起一个误解，比如，之前有一个同学反问我："周老师，囫囵吞枣是不是说我们可以抄别人的？""天下文章一大抄"这句话本身是没有错误的，但是对这句话我们可以有两种理解：第一种理解，你写论文就是抄，大篇幅抄，用查重软件检测出99％的重复率，这是一种理解，就是你真的在抄别人的东西。第二种理解，我把它概括成你在写论文时，尤其在进行初稿写作时，尽量不要自己说话，而要多做引用。比如，你可以把你的观点放在前面，然后在引用的基础上借着别人的观点继续阐述自己的观点。你也可以先提出自己的观点，然后把引用放到后面作为支撑你观点的论据。总之，原则就是：你自己少说话，多引用。那么，这就带来一个问题，如果少说话多引用，初稿写完后会不会重复率很高？没有这样做过的人，都有这样的疑问。至少这几年跟着我写论文的同学，没有发现这种情况。因为一方面，初稿完成之后，我们会做一个检测，检测之后再做后期的修改。另一方面，这只是初稿，不是定稿，不需要过于关注重复率的高低，在修改过程中论文也会发生很大的变化，之前你在论文写作时可能因为没有初稿之后的修改，所以很在乎重复率的问题。我们用少说话多引用的方式去写论文初稿，检测结果最高的是24%点多，而最低的一篇重复率达到了5%以下。大家需要注意的是对“天下文章一大抄”的两种理解。我说的“少说话多引用”，并不是说我的论文计划写5 000字，我从这篇论文上抄3 000字，再从那篇论文上抄2 000字。我是说你自己少说话多引用，而不是说你直接大篇幅地去剽窃别人的文章，这两种理解是不一样的。如果你用这种方式尝试一次，你会体会到它的不一样在哪里。在大片粘贴别人的内容的过程中，是没有作者自我的，而用这种少说话多引用的方式，其实是你在说话。但为什么明明是自己要写论文，在这里我还要强调在论文初稿写作时，在这种囫囵吞枣的方式中要少说话多引用？有两个非常直接的原因驱使我们采取这种方式，或者说采取这种态度去写论文初稿。第一，对大部分经验不是很丰富的作者来说，尤其是硕士、博士研究生或者青年学者，你的语言表达可能不如别人好，我们在看别人文章时经常会有这种感觉，就是表达同样一个意思你不如别人说得好，因为它是一篇已经发表了的论文，一篇作者费尽千辛万苦，然后经过编辑和审稿人很多环节打磨出来的论文，你觉得自己表达得不如别人好，这是正常的，不要因此而沮丧。如果你觉得自己表达的比他表达的好，那说明你的水平不一般。第二，你觉得自己的表达不如别人的好，事实上你本来就不如别人的好。因为你只是在写初稿，别人是一篇已发表的论文，在这个时候，你自己少说话多引用，是可以推动自己的表达能力的。当然，这种细微的情况可能要落实到论文写作实践中，才能有比较真实的感受，大家可以使用这种方式尝试一下。

第五个方法，我们知道学术论文本质上是一种议论文，在这个地方我把它描述为“论述题变成填空题”。写论文其实更像一道论述题，比如，定一个主题，要写一个什么东西，然后就开始写，没有人告诉你第一步干什么，第二步干什么，写就行了，你写 1 000 字还是 1 万字也没有人管你，它就像一道论述题。但是，我们知道论述题的难度显然比填空题大，因此在这里我想强调的是，我们可以有这种意识，把论文写作从论述题变成填空题，怎么才能做到这一点？如果能把一道论述题变成填空题，显然它的难度就会降低，这不难理解。但是，怎样才能够做到这一点？这就牵扯到论文初稿在整个写作过程中到底重不重要的问题。如果你认为论文初稿在写作过程中非常重要，那你就是在做论述题。如果你认为论文初稿在写作过程中不太重要，比如，它不如修改重要，不如选题重要，你就会做到把论述题变成填空题。我们刚才讲的问题也涉及选题环节。选题是有框架的，选题做到什么程度，你通常可以自己决定。并不是说先有一个标题，然后排个一、二、三、四、五的框架，并不是说这样你的选题就做完了，这离选题还差得很远。在正常情况下，选题做完以后你就开始写研究对象、研究问题，然后说明用什么方法、什么理论基础去写，在这个过程中有哪几步，比如，第一步写什么，第二步写什么，最后要写什么。当你的选题出来以后，所有这些东西都会出来，这个时候，你做的其实就是填空题。我们可以具体到论文的某一个环节。我们先讲一讲论文的前言。论文的前言有五个环节：第一，交代研究背景；第二，提出研究对象；第三，文献综合；第四，文献述评；第五，交代你的研究思路。比如，我们在很多前言里面经常看到论文的研究目的，就是前言的最后一句话。而研究问题是隐性的，研究对象与研究问题是不一样的，研究对象不是研究问题，研究问题是研究对象的最后一个环节。那么在前言里面，对于研究问题，你可以有所涉及，有的则不需要涉及，还有的需要在其他环节提出来，所以它是一个隐性的要素。那么，我们以前言为例，当你把前言做到位的时候，后面正文的写作就会特别容易。如果你在动笔写的时候，前言中有一个环节解释得不清楚，比如对阐述研究背景的环节解释不清楚，那你之后的正文写起来会非常麻烦。因为研究背景解决的是你这个选题的意义和价值，如果你在写前言时，解释不清楚这个环节，那你在后面的写作过程中会反复犹豫自己所写的东西到底值不值得写，因为你在写作的过程中会遇到很多困难，然后你就会不断地反问自己，在极端情况下，你就会产生自我否定！我放弃了！我不写了！我相信有的人曾有过这种体验，就是在一种极端情况下，自己会放弃这个选题，这都是因为你的前言的第一句话没有写好。而我们所讲的把论述题变成填空题是一种高效的写作过程。按照我们今天主要讲的内容，你应当放弃或者改变原来观念上的一个误区，即论文初稿在整个论文写作过程中是最重要的，然后把主要的时间跟精力放在选题环节，论文的写作就会由论述题变成填空题。

很多人问过我，论文查重，查重率达到30%～40%，怎么办？我经常说所有的反抄袭软件的出现本身就是不合理的。当然，现在有很多这种软件确实有不完善的地方，比如，你自引也会算到抄袭比例中去，所以你不能自引，我认为这是不合理的。但是，我所说的反抄袭软件不合理，并不是说它本身不科学，而是说，论文的写作就不应该用这种工具。因为论文署的是你自己的名字，文责自负也是我们的一个常识，不应该通过这种工具检测你的论文跟别人的论文的重复程度，因为它会带来一个非常恶劣的后果，就是你放心狠抄，原来是担惊受怕地去抄，现在你可以放心地去抄，因为都知道抄完以后，最后有一个检测，检测完以后修改就行了。近几年，这个现象在国内已经非常明显了。因为以前没有这个检测，论文作者很怕自己抄袭以后被人发现，但现在不担心了，因为别人发现不了，最后都能把论文的查重率修改为0。比如有个同学问：我怎样把论文查重率从40%改到5%以内。这个问题的原意是：有什么小的技巧可以降低查重率？技巧肯定是有的，但是我很反对这种做法，就不应该有查重软件这种东西。引用的它会给你标黄，这要视情况而定，比如，如果是一篇学位论文，有的学校会认为，红色部分是真正抄袭的地方，黄色部分是可以接受的。也有的学校只看最后总的百分比。期刊也是这样的，有的期刊只看最后的数据，要分情况。但不管怎么说，我一直跟我所有的学生说，你们不要看重这个东西，你只要认真地去写你的论文，就不会出现这个问题。

怎样可以降低论文的查重率，由百分之几十降到百分之一，甚至降到零，方法至少是有的，就是修改语言表述。给大家举个例子，原话是“快速启动初稿写作的五个马达”，你把它改为“有五个动力，可以加快我们论文的写作速度”，说的其实是一个意思，只不过字和字的排列不一样。我刚才也讲到，为什么很多论文都是冷冰冰的，我也讲到你不能抄袭别人的观点，不是说你的文字和别人重复就是抄袭，你抄袭别人的观点也是抄袭，所以我特别反对这种做法，但是没有人能够阻止别人的这种做法，而且有很多现实的因素。但是，我还是认为，你肯定在整个论文的写作过程中没有下足够的功夫，否则，查重率不会很高。比如，当我自己写论文和我带着我的学生写论文时，我会给他们灌输一种观念：这种情况你连想都不用想，你需要认真写你的论文。所以，我觉得反抄袭软件就不应该存在。我个人认为，反抄袭软件带来的负面影响要大于正面影响，它的初衷是要解决抄袭的问题，但结果是，它不但没有解决抄袭问题，反而助长了抄袭行为。因为它把一个非常复杂的抄袭问题，变成了一个数字，变成了一个字和字之间的排列问题，所以我认为它带来的负面影响要远远大于正面影响，它违背了软件设计的初衷。

本章从一开始就介绍了论文的初稿写作在整个论文写作过程中的重要性其实是最低的。把这句话再延伸一点，展开来看就是，你的论文初稿写成什么样子并不重要。比如，我把它写成一个故事，或者把它写成一个新闻，或者把它写成一封信，写成什么样子并不重要。写完以后，再把它改成学术语言，只是不同的语言系统之间的相互转换，学语言学的人可能比较容易理解。而不同的语言系统之间的相互转换并不存在什么障碍，只有不同的语种之间相互转换才存在障碍，某一种语种内部不同的语言系统之间的转换并不存在障碍。这就像你回到家，跟自己的宝宝讲话，就会奶声奶气的，你在学校里面跟你的同事讲话就会非常严谨，但是可能你白天跟同事说的和晚上回去跟小孩说的是同一个事情，这两者之间并不存在障碍。但是，它可以解决我们的两个大问题：第一，就是你迟迟不能动笔。选题定了，过了三个月，就是动不了笔去写，而不同的语言系统之间的转换首先能解决这个问题。第二，它能解决你在初稿上浪费很多时间的问题。写一封信并不复杂，讲个故事也很快，它能解决这些问题，如果你这样去做，就会有更真实的体会。

问　答

Q：请解释一下“少说话多引用”。

A：如果我没有猜错的话，这位提问的同学其实还是担心“少说话多引用”是不是会增加论文查重率的问题。当然，很多人都会有这种担心。我讲两点：第一，用这种态度，或者用这种方法去写论文，不会增加论文的查重率；第二，如果你不信，那就试着做一次，做完以后先检测一下，看看重复率有多少，试着做一下就知道了。至于说为什么会这样？这是一个非常复杂的问题，我们在这里不展开解释，但是针对这位同学提出的问题，我就回答这两点：第一，不会；第二，如果你觉得还有疑问，你就试着做一次，这样你就知道这么做不会提高查重率了。

Q：用以上五种方法能否把论文写出来？

A：很多人对这些方法都有一些担心。比如，我按照写信的方式写，信是写完了，但这不是一篇论文；或者我的故事是讲完了，但这也不是一篇论文；写了一篇新闻报道，这也不是一篇论文；好多人担心的可能是这个问题。其实，对于这个问题，你不用担心，因为这三种方法是国外，尤其是以美国为主的大学（比如哥伦比亚大学，我印象中这三种方法就是它们提出的）使用了很多年的方法，所以说这种担心是没有必要的。后面两种方法，大家都可以实验。根据我手上每年带的学生的写作实际数据来看，基本上没有障碍，它只有一个障碍，就是你在这样做之前想得不够。但是你这样做了以后，障碍自然而然就没有了。

Q：前言包括哪几部分？

A：前言有五部分。第一部分，交代你的研究背景。研究背景解决的是研究意义、研究价值的问题。第二部分，交代你的研究对象，有的需要交代研究问题，有的只需要交代研究对象，不需要交代研究问题。第三部分，文献综合。第四部分，文献述评。这一点我再强调一下，我们平时经常讲的文献综述也是不对的。之前我讲过文献综述的观念不利于很多论文的写作，一旦把它分开，就是文献综合和文献述评两个环节。如果你只是简单地把它理解成文献综述，那往往你做出来的结果是，只有文献的罗列，而没有文献的评论。所以，一定要有意识地把文献工作分成两个环节去做。一定不要说，我做文献综述，一定不要这样理解，这样理解不利于你论文的写作。一定要在一开始的时候就有意识地去做，就知道文献工作是有两个环节的。事实上，还有一个更复杂的环节，但一般情况下用不到这一环节，就是从文献述评环节，过渡到自己论文的选题。这个环节在一般的写作中用不到，做选题时会用到。第五部分，交代自己的研究思路。这个很简单，包括世界上很多比较流行的关于学术论文怎么写的书中都有介绍，只不过可能大家都不是太注意将文献综述分成两个环节去做。但是，很多书里面都提到过前言的这几个部分。

第七篇 期刊论文与学位论文的选题差异

本篇从期刊论文与学位论文的选题差异出发，对期刊论文进行详细讲解。

➢ 对论文定义的理解

论文是进行各个学术领域的研究和描述学术成果的文章。你可以认为一个观点好或不好，而你的论证在哪里？你的观点是需要通过论证来支持的，如果你只是评论，那你就缺少论证这个环节。如果你的文章只是有观点，但是没有论证，那还称不上是一篇论文。根据我们多年的研究经验，对于论文的理解，我们总结了一个富有操作性的理解，就是针对某一问题发表观点并进行论证。我们要求在你的论文中，不仅要有观点、有论证，还要求你的论文中要有问题，这没有丝毫的新意。因为所有的老师和学生几乎天天都在反复地讲写论文要有问题意识。那么，问题意识到底是什么？什么叫有问题？什么叫没有问题？比如，我们要研究一场讲座的效果好不好，这不是一个问题，就像好多人问梵高的作品好不好一样，这并不是一个问题。问题一定是在头脑之外的，问题一定是客观存在的，只不过这个问题需要我们去讨论，需要我们去研究。我们所说的效果好不好是一个评价的东西，并不是问题本身。

从论文写作可操作的角度来看，论文应当具备以下三个要素：首先，一篇论文要有问题；其次，针对这个问题要表述自己的观点；最后，要有一个能够支持观点的论证过程。

➢ 选题的基本要素

在字典、词典及其他工具书中，对论文的选题是如何定义的？一是把它当作动词来讲，叫作选择题目。我特意翻了好几个版本的汉语词典，上面真的就是这样定义的。二是把它当作名词来讲，叫作选择的题目。第一种解释体现出循环论证，第二种解释就有点像文字游戏了。把选题定义为选择题目，这个跟没有定义是一样的，我觉得这个定义也是不可操作的。实际上，我们要做的是一个可写的选题，尤其是要做一个能发表、易发表的论文选题，这个难度其实是非常大的。那么，它的难度大在哪里呢？我把它总结成三个要素，四个环节。很多好的期刊论文，以及一部分高质量的学位论文的选题就是这样的，只不过之前没有人总结过选题的结构性要素。

选题的三个要素如下：第一，研究对象；第二，研究问题；第三，专业性。只有具备了这三个要素，你的论文选题才有可能成为一个好的、合格的选题。为什么有大量的论文难以发表？就是因为它们仅停留在研究对象这样一个层次，既没有问题，也没有观点，更没有论文的专业性。在之前我们讲过的内容中，很多人问专业性指什么。专业性不受研究对象的影响，比如，研究梵高的作品，“梵高的作品”只是一个研究对象，很多作者的论文水平仅停留在自己要研究的主题是什么这一水平上，这些人的论文中根本没有研究问题。没有问题，就更谈不上观点。如果你硬要对它发表观点，那么，论文的主观性就会非常强，就像你写梵高的作品，你就只能说它的作品好还是不好，然后，简单举几个理由。说它好，就描述一下好在哪几个方面；不好，就找几个不好的地方。这些表述的主观性都是非常强的。但是，我们知道，学术论文强调的是客观性，不是主观性，评论强调的才是主观性。近几年来，国内有些人也在强调，我们要有好的学术评论，我们的学术评论也是缺席的，很少有人能够做好一篇学术评论文章，几乎也没有人专门去研究学术评论，因为做学术评论并不实用。比如，毕业要用论文，评职称要用论文，很多时候，你写成学术评论不管用，你必须写成论文才可以。我们刚才从专业性角度来说明研究对象，这其实是从你的专业角度来审视研究对象，并不是论文本身的专业性。比如，学绘画的可以写梵高的作品，那么，学音乐的、学经济的、学文学的就不可以写梵高的作品了吗？其实任何专业都可以写梵高的作品，只不过不同学科的知识结构不一样，因此就会有不同的理论支撑、不同的研究方法，这是学科的专业性。专业性不是随着研究对象自然而然就有的，我们不能简单地认为研究梵高的作品就能体现自己的专业性。研究绘画作品也不一定就是学绘画专业的，大家都可以写这个研究主题，其他专业的人不见得写得没你好，这是专业性。

因为研究问题很抽象，我们不对它进行抽象讨论。

➢ 期刊论文与学位论文的一些差异

在这部分，我想强调的是期刊论文。考试思维在中国学生的头脑中已经根深蒂固，从考试角度理解两者的差异，那就是期刊论文考论文，学位论文不考论文，它考人，这就是两者根本性的差异。我们简单解释一下。学位论文答辩考人的因素是非常明显的，比如，你的导师是谁，这是非常重要、非常关键的。为了降低考人的因素，现在已经出台了一个学位论文也要盲审的政策。盲审，主要就是为了解决主观因素过大这个问题。盲审有点类似于期刊论文里的匿名评审，匿名评审才是真的考论文不考人。根据观察，到目前为止，在国内不管是好一点的学校还是差一点的学校，在学位论文答辩环节，人的因素还是非常重要的。在答辩之前，你是不是就知道里面坐着的是哪几位老师？你是不是在答辩之前就跟他们寒暄过？盲审这些环节结束之后，答辩时你还是会去做这些工作的，尤其是博士学位论文，因为博士学位论文比较担心答辩老师不予通过的问题，这种情况在硕士学位论文中还是较少出现的。由此可见，人的因素在学位论文评审过程中还是很重要的。

但期刊论文不是这样的，期刊论文不考人，论文写得好或不好，取决于论文本身而不取决于论文的作者是谁。当然，这是一种理想的情况。我们知道中国人办事情有一个特点，人能办的事情就不靠规则。在期刊论文的投稿环节也是这样的。但是，我们不讨论特殊情况，我们就讨论一般情况。在正常情况下，当我们的稿件投出去后，稿件能不能被录用是取决于稿件本身的，比如，一些好的杂志真的能够做到匿名评审。有人说一些学术大家的论文，我看着一般，怎么证明它一般呢？你可以把这篇论文的作者名称换掉，然后投稿，一般情况下，这篇文章连一审都过不了，这样就可以试出这篇论文是真的很一般，这种情况也是有的。但在正常情况下，期刊论文考的还是论文本身，这也给我们很多学生提供了机会，只要论文写得好，哪怕你就是一个在读的硕士研究生，机会也是有的。比如，我们每年做的期刊论文目录里面，硕士生所写的优秀论文都会有十来篇，他们的论文一看就好，各个指标都非常突出，甚至比很多博士、教授写的好得不是一星半点。我之前跟一位学报的编辑老师进行沟通，我们都认为，不管你上到硕士还是博士，或者以后当了教授，你的汉语水平基本就是停留在高中毕业阶段了，其实很多人也是持这个观点的。因为上了大学以后，我们就没有专门的语言训练了，更别说学术语言的训练。通过观察学术论文，很多人都可以得出这样的结论，因为我的这个观点在很多地方传播了许多次，很多人跟我的观点是一样的。论文发表难，论文写得不好，有一个很重要的因素就是你的中文表达能力有问题，但是我们知道语言是靠训练的。这也启示我们，学术论文的写作也是可以训练的，只不过目前在国内的大学里，缺少学术论文训练这种专业的教育。很多学校都由图书馆的老师开这门课，也有一些学校是由专门的老师开课，但是他们讲什么呢？讲学术道德，讲学术规范，你的论文不能抄袭，至于怎么做选题，怎么写开头，很少有人讲。

与国外相比，国内大学在学术写作方面的训练是非常缺乏的，相关教育的缺失也是我们论文写作难、发表难的一个原因。如果你面临写论文难、发表论文难的问题，不要沮丧，因为这些并不是你自己一个人造成的。从小到大，从来没有人告诉过你，论文到底应该怎么写、怎么投，所以你不会是正常的，你要是会了说明你的智商非常高，这种人很少。这是我们的期刊论文与学位论文的差异。

➢ 两者差异的选题示例

在本部分，我们来看几组例子。

两者差异的选题示例如表1所示。

表1　　两者差异的选题示例

选题分组	研究对象	学位论文标题	期刊论文标题
第一组	东方	《论莫奈油画中的东方情趣》	《“东方”的危险与价值》
第二组	香格里拉	《永远的香格里拉——〈消失的地平线〉之形象学解读》	《“香格里拉”再生产——一个“希望世界”现世化》
第三组	设计概念	《细节感知彰显价值——平面设计中材质与设计概念的融合》	《“设计概念”对我们隐瞒了什么?》
第四组	旗袍	《中国传统旗袍造型结构演变研究》	《“旗袍”和“祺袍”称谓考证》
第五组	音律	《“中立音”音律现象的研究》	《对三分损益律和五度相生律异同的分析》
第六组	乐谱	《从乐谱解读到音响诠释——以拉威尔钢琴作品〈高贵而伤感的圆舞曲〉为例》	《理性分析与感性效果之间的差异》
第七组	非物质文化遗产传承	《我国非物质文化遗产传承人培养模式研究——以陕北民间艺术为例》	《师徒名分缺失状态下的利川“肉连响”舞蹈的传承方式变迁》

我们先来看第一组例子。有两篇论文，标题分别为《论莫奈油画中的东方情趣》和《“东方”的危险与价值》。这两篇论文的研究

对象都是艺术中的“东方”这个元素符号，这个元素大家并不陌生，因为在艺术领域中，“东”“西”是经常使用到的两个概念。那么在这个研究主题、研究对象上，学位论文与期刊论文有什么差异？比如，《论莫奈油画中的东方情趣》是一篇学位论文，期刊论文如果写成这个样子，那你就要做好充分的心理准备，训练一下自己的心理素质，反复被拒稿的感觉其实挺痛苦的，投三次都不中，打电话问编辑，还要被编辑骂一通，这个感觉并不好受，所以期刊论文不能写成这样的。那么，如果是一篇期刊论文，我们从筛选出来的优秀论文目录中抽取了一篇——《“东方”的危险与价值》，它的切入点跟我们平时所见的学位论文的切入点还是有很大差异的，它的差异主要在于，它不把“东方”当成一个不证自明的元素符号来使用，而是对“东方”这个元素符号本身进行思考，或者叫反思。这篇论文的主要内容是讲，我们在做研究时，东西方的这种思路很容易使我们陷入二元对立这样一个窠臼，会限制我们认识事物和讨论问题的视野。这篇论文也讨论了“东方”的第二层次的危险，讨论了“东方”的特殊价值。我们并不能说“东方”这个符号、这个元素本身存在风险，如果这样我们就不能使用这个符号了，这个元素还是有价值的。如果大家感兴趣，可以上知网把这篇论文下载下来，详细地看一看这篇论文是怎样写“东方”的，你也可以看一看《论莫奈油画中的东方情趣》这篇学位论文是怎样写“东方”的。我们仅通过两篇文章的标题来简单讨论一下选题，可以看到二者选题的差异还是非常大的。第二篇是有疑问、有反思、有观点的，第一篇学位论文就只是把“东方”当成一个不证自明的符号元素，直接使用赏析式的、评论式的文字所写的一篇论文，用这样的方式去写学位论文问题不大，尤其是硕士学位论文，但写博士学位论文还是有问题的。

第二组例子也是讨论了一个符号或者说意象——“香格里拉”。目前一提到“香格里拉”，我们可以联想到很多东西：酒店、景点等。“香格里拉”一词出自《消失的地平线》这部国外文学作品，作品中所描述的地方原来不叫香格里拉，是后来才变成香格里拉的，而且成为一个非常吸引人的地方。我没有去过香格里拉，但是这个词给我一种想象，让我感觉那个地方挺好，没去过也觉得挺好，这个词本身就具有这样的魔力。第二组例子中学位论文的标题是《永远的香格里拉——〈消失的地平线〉之形象学解读》，这个标题一看就比较普通，但是我们看第二组例子中的期刊论文——《“香格里拉”再生产——一个“希望世界”现世化》，它探讨了从这个词汇的出现到它的演变，是怎样慢慢走出这部文学作品、走出文学领域，再进入现实、进入旅游行业、进入酒店行业、进入大家的头脑中，并成为一个充满魔力的词汇的，这篇论文研究的是这个东西。那么，用比较学术的语言来表达，叫再生产。因为在这个作品中，作者把它叫作再生产，一个“希望世界”现世化，他的标题用词也非常准确。其实，如果我们没有去过这个地方，你看到这个词其实就是一个想象的世界，一个自然而美好的地方，这个词本身就是一个很好玩儿的词汇。期刊论文是对一个很有意思的东西的来龙去脉以及演变的过程进行研究，而学位论文只是把“香格里拉”当成一个比喻来评论这个作品，这就是两者的差异。

第三组例子讨论的是“设计”这个概念。我们看学位论文《细节感知彰显价值 ——平面设计中材质与设计概念的融合》，作者写的是平面设计中材质与设计概念的融合，这还是一篇比较好的学位论文，至少在讨论材质的使用怎么跟概念融合。这个问题很少有人会去考虑。同样都是关于“设计”这个概念的研究，期刊论文的标题是《“设计概念”对我们隐瞒了什么?》。期刊论文其实是在写我们所谓的“设计”的概念和设计师使用的“设计”的概念是有差异的。

第四组例子是研究旗袍的，这可能属于服装里面的一个概念。学位论文的题目是《中国传统旗袍造型结构演变研究》。如果是一篇硕士论文，千万不要写这样的题目，因为正常情况下你驾驭不了。作为一篇博士论文，如果你功底足够，愿意下大功夫去写，倒是可以试一试，但是一般不建议写这么大的东西。“造型”之后还带一个“结构”，“结构”之后再来一个“演变”，“演变”之后再加一个“研究”，怎么能够轻易驾驭得了？做学术研究的应该都知道，写论文不只是标题，你的论文中要减少主观性的东西，不要评论，学术论文是非常忌讳评论的，你需要的是去论证而不是评论，这是一个常识。论证讲究有论点、有论据，评论是主观的。但是，很多人都会犯这个错误，这个错误尤其不能出现在期刊论文中，因为这会让审稿编辑感到头大，编辑可能根本就不能理解你所讲的内容，他可能连旗袍造型都很难理解，这时候，你又给他加一个结构，他就更难理解了。

在实际写作过程中，除了标题的拟制及论文的写作避免主观性以外，还有一个小技巧——慎用形容词。形容词体现的是你的主观评价，凡是有形容词的地方就是主观评价。比如，在《永远的香格里拉——〈消失的地平线〉之形象学解读》中，“永远的”就是一个形容词，这一看就是作者的个人意见，有的人认为这里根本就不好，何谈“永远的”？这一看就是作者的个人意见。所以要慎用形容词，尤其不要让形容词、虚词出现在标题里，这会让读者感到头大。期刊论文《“旗袍”和“祺袍”称谓考证》考察的是“旗袍”和“祺袍”这两个称谓的历史演变及它们的不同，这篇论文做了一个史料的考证。当然，我们知道做史料的考证是需要有一定功底的，并不是所有人都能够做到，这是我们写期刊论文的一个思路。

论文有很多写法，根据研究，期刊论文的写法大概包括十多种类型，每一种类型里面又有十多种写法。比如，有人认为综述研究很难发表。上海一个学校的一位博士给我看了他的论文选题，让我判断一下这篇论文好不好发表，我说不好发表，他说综述研究确实不好发，我就回他说：不是综述研究不好发，而是你写的这个综述研究不好发。事实上，任何一种论文的类型都有好发表的，你不能认为综述研究不好发表，然后就不去选综述研究。事实上，综述研究是非常重要的，对于很多研究，如果你不去写综述研究，后面的工作就没法开展。很多人认为综述研究不好发表，所以就不写综述研究，这个理解是有问题的。还有一种理解，尤其是一些本科生或者是一些了解不多的高校研究生，他们认为综述研究很好写，认为写一篇综述研究要比写一篇正儿八经的论文容易得多，这个观点也是有问题的。它体现在，当我们跟期刊编辑交流时，很多期刊编辑都说他们缺少综述研究的论文，这种稿子在期刊中是非常缺少的。但是，从作者的角度来看，很多人又会有这样的印象，认为综述研究不好写，为什么会出现这种现象？因为你理解的综述研究与编辑理解的综述研究根本就是不一样的，编辑所需要的综述研究的类型不是你所写的类型。同样的期刊论文，史料考证类的论文基本上也是这种情况，有的人认为史料考证类的论文很好发表，也有的人认为不好发表。其实，不管是综述研究，还是问题研究、方法研究、历史研究，等等，都只是论文的一种类型，它无所谓好不好发表，关键是怎么去写，没有哪种类型特别好发表或者哪种类型特别不好发表。

第五组例子的研究对象是“音律”。在《“中立音”音律现象的研究》这篇学位论文中，“中立音”音律现象是一个研究对象，我们一看论文标题就知道作者要研究的是什么，但他具体研究的是什么问题，我们并不知道。事实上，他也没有研究这个问题，他研究的只是这个现象。

而期刊论文《对三分损益律和五度相生律异同的分析》是对三分损益律和五度相生律的异同所做的比较研究，这篇论文是 2015 年 1 月的一篇特别好的学术论文。一般来说，这种论文很难被认同为一篇好论文，原因在于这篇论文过于专业，我一开始看这篇论文时，读了很久，但是根据我们的筛选标准，这篇论文各方面的指标表现都非常突出，所以也能够进入我们的优秀论文目录。但是，这种情况是极少的，因为过于专业的论文发表难度比较大。在写期刊论文时，尤其是在做选题时，一定要特别注意这一点，一定要考虑到这个问题，这种论文发表难度比较大，并不是因为它的专业性，而是因为过于专业所以导致很难创新。如果你想要在一个非常专业、非常狭窄的方向上有所创新，那么，你在这个问题上的造诣要达到一定的程度，否则很难有创新，因为你的切入点太小了。

第六组例子是关于乐谱的。学位论文《从乐谱解读到音响诠释——以拉威尔钢琴作品〈高贵而伤感的圆舞曲〉为例》类似于我们前面举的几个例子，它是对《高贵而伤感的圆舞曲》这个作品的一个评论。那么，相对应的期刊论文《理性分析与感性效果之间的差异》写的是现在很多音乐研究其实还属于乐谱分析，但当乐谱分析成为音乐领域主流的研究路径时，我们忽略了一个问题，乐谱分析不等于我们听音乐时的主观感受，两者是有差异的，甚至有时是相悖的。比如，有的音乐听着很好听，但是大家对它的评论普遍不好。有的音乐大家的评论非常高，但听着不好听。这种现象经常会出现。那么，这位作者就注意到了理性分析与感性效果之间的差异，同样是研究乐谱，这位作者对我们怎样去研究乐谱，怎样去使用这个方法有所反思，进而提出问题。

第七组例子涉及非物质文化遗产（简称非遗）的传承问题。《我国非物质文化遗产传承人培养模式研究——以陕北民间艺术为例》这篇论文写成学位论文问题不大，但是这篇论文还不能够成为一篇期刊论文。在给期刊论文做选题时，大家一定要避免一些词语，比如“模式”，大家在写论文时，千万不要再用“模式”这个词了。我跟山东大学一位老师进行了一次讨论，做思想政治教育研究的，尤其是很多辅导员、做学生工作的老师喜欢写“思想政治教育”这样的论文，我想说写论文，千万不要再写“思想政治教育”这个词了，现在很多编辑看到这个词就头疼，因为这个词是有问题的。比如，跟着我写论文的一位学生，他是学思想政治教育的，我不让他研究思想政治教育，他就说：“周老师，我就是学这个的，你不让我写思想政治教育，那我写什么?”我跟他说：“那你就写思想政治教育吧。但这样去写后，它到底是政治还是教育?”我不知道大家有没有考虑过这个问题，思想政治教育到底是教育还是政治？实际上，如果你去分析这个词汇，它明显是一个教育，因为前面的思想政治是定语，但在我们的印象中，政治的成分是要大于教育的，为什么会出现这种情况？我们可以去研究，可以去探讨，这是不是造成思想政治教育这门课成为一门老大难课程的原因？这可能都是相关的。我本人不是专门做这个研究的，所以也不能说大话，但这是一个可以思考的切入点，它会牵扯出很多问题。“模式”这个词也有点类似，尽量不要再用“模式”这个词了。

有一些词，我看到就感到比较头疼，比如“以什么为例”，如果要写期刊论文，千万不要写以什么为例，因为你根本讲不清楚为什么以“它”为例。有同学“以齐鲁工业大学为例”写论文，为什么要“以齐鲁工业大学为例”呢？他说因为自己在齐鲁工业大学上学。可是，你总不能在论文中写，因为我在齐鲁工业大学上学，所以我以齐鲁工业大学为例，这个道理是讲不通的。当然，你以自己的学校为例肯定是有一些现实的原因。如果是定量研究，获取数据会比较方便；如果是定性研究，各种资料的获取、做访谈等都会比较方便。但是，你始终推导不过去为什么要以这个学校为例。我经常问很多人：为什么你以这个为例而不以另外一个为例？你选择的这个为例比选择另外一个为例在你所讨论的问题上更具有代表性吗？如果你没有做过比较，为什么要以这个为例？这是一个很大的漏洞。所以在写论文时，尽量不要写“以什么为例”了，一定要谨慎。

而《师徒名分缺失状态下的利川“肉连响”舞蹈的传承方式变迁》这篇论文就避免了“以什么为例”的情况。这篇论文的标题读起来都有点别扭，但是，作者宁愿它的标题读起来别扭也不写以什么为例。我讲这个的意思是，他完全可以把这个标题写成，比如，我国某舞蹈的传承方式变迁研究，再加上很多人惯用的从师徒名分缺失的视角，很多人就惯用这种方式，事实上，这都是一个很忌讳的事情。对于这篇论文，作者宁愿写成一个读起来比较拗口的标题，也不写以什么为例，什么传承方式研究，通过什么视角，等等，说明这个作者对论文的把握还是比较到位的。他知道期刊编辑喜欢什么样的标题，不喜欢什么样的标题。在很多人的印象中，以某个视角来研究看起来是很高、大、上的，但是，期刊论文追求的并不是高、大、上，它所追求的正好与之相反。

我们一共列举了七组论文选题的例子，大家可以自行下载这些论文，看一看这些论文中，我们为什么说它好，为什么用它举例，它到底好在哪里，仔细地体会一下。

我们讨论的是选题。事实上，一篇选题好的论文在其他很多方面都是好的。通过前面七组论文的对比讨论，可以得出学位论文与期刊论文的选题差异到底在哪里。这种差异对比出来以后，我们大概也就能明白，从期刊论文的写作角度来看，选题做成什么样子更容易获得编辑的青睐。

➢ 更深层次的区别

我们已总结出了一些抽象的要素，当然，这些要素不是很全。比如，在我们的实验室，关于论文选题的测量有 17 个通用的指标，还有一些不是通用的指标。比如，除了每个专业不同的选择类型之外，还有一些特殊的指标。关于 17 个通用的指标，我们已经抽象出一部分了。学位论文不忌讳主观，但是期刊论文特别忌讳主观，它强调的是客观。学位论文可以写成一篇赏析式的、评论式的文章，但是期刊论文一定要写成一篇有反思、有思辨的文章，而不能写成一篇评论式的文章。学位论文可以是一篇私人性质的文章，但期刊论文中的研究对象和所讨论的话题一定要具有相当的公共性。如果研究主题的专业性非常强，发表的难度就会变大，因为期刊论文的本质决定了它倾向于公共性的选题。如果是综合性期刊，它可能会比较喜欢超越某一个学科的选题，比如，一个社会性的现象。如果是一本专业杂志，比如，音乐学、美术学、艺术学的大类杂志，也会接受一些有一定专业性的文章，但是，这些文章在你所属的学科内部要具有一定的公共性。如果你的选题在学科内部引不起大家的兴趣，那你这篇论文的发表难度就会变大。为什么会出现这种情况？相信很多人都对这个指标持有疑问。在这里，我简单地解释一下为什么会出现这种情况。为什么期刊论文的选题倾向于公共性的选题，而不是过于私人化的选题，因为“学术期刊不是学术，学术论文也不是学术；学术论文是论文，学术期刊是期刊”。在我第一次发表这个观点时，很多人都觉得很可笑，心想这不是废话吗？但仔细想想，在你的印象中，学术论文真的是论文吗？其实，在很多人的印象中，学术论文是学术而不是论文，很多人都分不开学术研究与学术论文的差别，都存有这种认识误区，所以我会把这两句有点可笑的话拿出来讲：学术论文是论文，学术期刊是期刊。比如，我们一说某学术期刊，你是因为它是一个期刊而关注它，还是因为学术的因素而关注它？实际上，如果你把一个学术期刊认定为一种学术，把学术论文也当成一种学术，这是会影响论文写作的，也会影响论文的投稿。因为你没有认识到学术期刊的本质。学术期刊的本质是媒介，我一说大家都懂，但是，大家有没有这样去认识？学术期刊的本质不是学术而是期刊，期刊的本质是媒介，媒介的本质是什么？比如，我们讨论的报纸、讨论的网络都是媒介，新闻学中经常讲狗咬人不是新闻，人咬狗才是新闻，这就是媒介的本质。这样来理解可能不太好，这只是我个人的观点，媒介的本质其实还是非常阳光、非常积极向上的。但由此切入可以启发我们，让我们理解学术期刊的本质是媒介，它就会具有媒介的天性，你要是能闹出事儿来，那你的这篇论文很有可能会成为一篇好论文。比如，你的论文发表以后，你所在领域的大专家都拍案而起，与你争论一番，那么，你的这篇论文马上就能出名了，这是我们把这个道理推到极致来讨论。比如，你的论文一发表，你们领域里面的五位大专家纷纷发表论文反对你的观点，那么，你这篇论文的影响力一下就会变大，学校可能马上就会请你开讲座，讲一讲你是怎么把这些大专家激怒的。因为在学术论文中，有一种类型叫作争鸣式的写法，你可以反对别人的观点，也可以让别人反对你的观点，这是一种论文的写法。

我们刚刚是从媒介本质的方面解释了学术期刊为什么喜欢公共性强一点的论文选题，为什么不喜欢高度专业的论文，原因就在于学术期刊不是学术而是媒介，它要尽可能去吸引更多的人。所以，如果你写的东西在你所属的领域中，就你自己懂，那么，我们推到极致来看，一本学术期刊如果总发这样的论文，长久下来，就没有人愿意去读这本期刊了，没人读，期刊就没影响力，没有影响力，期刊也就办不下去了，把道理推到极致来看，情况就是这样的。

学位论文可以是分析式的；期刊论文则需要论证，既需要有资料的考察、考证，也需要有逻辑上的论证。学位论文可以是描述式的，它可以描述一个事物、一件事情，但期刊论文不可以停滞在描述的环节，而是要在描述的基础上有所发现。比如，我经常对人文科学就是传统的文、史、哲，再加上艺术这门学科的人说，不能把学术研究的过程当成论文本身，这是典型的分不清学术研究和学术写作的行为。有的人反对我说："老师，我要是不去描述，不去评论，那应该怎样研究它呢?""首先，要看懂才能去研究。"他说。我说："对！说得没错!"然后他说："那您为什么还说我不能写成这样的呢?"大家听了以后，感觉这位同学的观点跟我的观点是相互矛盾的吗？在我看来没有矛盾。因为他说的是他必须去做这个工作，然后他才能去写。我说的是你可以做这个工作，但是做完以后要写，你的工作是研究、讨论、分析、评论、赏析这个作品，这是你的研究过程，但是你在做完研究工作后要有所发现，你的发现才是论文中应该写的东西，而不是把你的赏析过程写到论文中。很多人分不开学术研究和学术写作的原因，在于他们误认为把研究过程写下来就是一篇学术论文了，他们认为把对这个作品的解读、赏析和评论的过程写下来，就是一篇学术论文了，其实这只是你做学术研究的过程，论文应该写你研究的发现而不是研究的过程，所以这位同学的观点跟我的观点并不矛盾。

学位论文可以写得很高、大、上，期刊论文不讲究高、大、上。针对"高、大、上"，我提出了一个"小、真、实"原则。小，是指写的东西不能很大，因为它只是一篇期刊论文，它的容量没有那么大，一定要写小。真，是指研究问题要具有真实性，很多人写假问题，但是他自己意识不到。另外，你要有真情实感，学术论文的写作要有情怀，要有关怀在里面，要有真情实感，很多人都遗漏了这一点，这样写出来的论文是死的，而不是鲜活的。实，是指论文一定不能写得虚无缥缈，一定要写成实实在在的内容，尤其是文学、艺术、哲学领域的作者要特别注意，一定不要把论文写得虚无缥缈，貌似高、大、上，实则除自己以外，别人都看不懂你想表达什么，因为学术论文讲的是实实在在。有一次，一位同学拿着一篇刊登在他们领域中权威期刊上的论文给我看，作者是个著名大学的博导，我看完这篇论文后，我说我看不懂，他说他也看不懂，我就问他，那你让我看什么？他跟我说这篇论文已发表了，还是发表在A类期刊上面。我跟他说，你把论文名字改成自己的名字，然后投稿试一下。大家都看不懂的文章，你怎么去发表？研究哲学的人比较容易出现这个问题，在他们的论文中，如果不列上20个哲学家的名字，不写入10个以上的理论，他们就认为自己的论文写得不好，这是一个写作误区。学术论文尤其是期刊论文不应该写得虚无缥缈，一定要写得实实在在，哪怕你的论文中没有理论，也不影响它是一篇学术论文。因为论文好不好，与文中有没有理论基本没有关系，它跟你的论证过程有关系，跟你所用的理论无关。

为什么期刊论文尽量不要写得高、大、上，并不是说高、大、上的论文就不能发表，这里有一个特定的条件。比如，在艺术学科中，国家提出一个新的东西，比如前几年的非物质文化遗产，大家就蜂拥而上，都去研究这个新的东西，那么，我想说，当你去写这个新东西时，它就已经过气了。从这个角度来说，你的期刊论文不能写得很高、大、上，因为在你写的时候，一些大专家早已经写出好几篇关于这个新东西的论文了，它已经不值得再去写了，除非你真的能够出“新”，但是这种难度比较大，所以不能去追求过于高、大、上的东西，因为你不具备高、大、上的条件。我们经常会开玩笑说，屁股决定脑袋，在写论文这件事情上，其实也是这个道理，你不具备高、大、上的身份，就不要写高、大、上的东西，你是驾驭不了的。

我们来看一篇论文《“设计概念”对我们隐瞒了什么?》。这篇文章讨论的是主流的描述与设计者的体验是没有关系的，主要讨论的就是设计概念导致了概念设计的矛盾，有点儿拗口。我们看一下小标题——“我有一个设计概念”。这是一个设计现象，因为很多人都会说“我有一个设计概念”，作者紧接着讲到实践和研究中关于“设计”这个概念的差异，然后探讨了这种差异背后的一些内容，讨论了矛盾的原因在于，当我们使用设计概念时，采取的是与设计师的体验无关的一种外部立场的方式。

再看《“香格里拉”再生产——一个“希望世界”现世化》这篇论文。首先是从文学作品中香格里拉寺院的出场开始，作者简单讨论了“香格里拉”到底是怎样演变成现在一听“香格里拉”这个词就有一种好印象的过程，香格里拉酒店也许是因为叫这个名字，所以特别红火，原因是什么？作者在文中也讨论了宗教，因为“香格里拉”是一个寺院，通过讨论宗教过渡到文化，然后从文学作品过渡到电影，从电影再过渡到旅游，这是作者论文写作的一个过程。文章最后一部分的“藏传世界”是最有意思的，大家可以下载这篇论文仔细地读一读，文章的内容很好玩、很有意思，因为文章所介绍的东西跟我们印象中对“香格里拉”的理解是不一样的，它给了我们一种不同于常识判断的体验。文章中说：“从一个绝望世界进入一个日常世界，然后慢慢地成为一种乌托邦，成为一种希望世界。”我们头脑中对香格里拉的印象就是一个希望世界，事实上，叫“香格里拉”的这个寺院是一个绝望世界，它是怎样经由日常生活、日常世界变成一个希望世界的？这就是作者在这篇论文中整体讨论的内容。

接着看下一篇论文——《对三分损益律和五度相生律异同的分析》。这篇论文非常专业，但是为什么也能成为一篇好论文，原因非常明显。中国音乐学家沈知白先生对三分损益律和五度相生律所生成的 12 个音，用表格的方式比较了它们的异同。作者提出一个问题，很多人认为三分损益律和五度相生律是完全一样的。根据该论文前面部分的讨论，从沈知白先生的研究开始到现在的很多研究，如果按照这样判断，两者是一样的。但实际上，这位作者发现两者是不一样的，作者在文中讲到“深入思考，问题并非如此”。接下来，作者又对此进行了看法的讨论，指出两者是不同的，是有差异的，这部分可从作者对三分损益律和五度相生律异同的分析中得知：在一个八度之内的十二律中，三分损益律所生出的十二律，与五度相生律上行五度所产生的律，是完全一样的；而五度相生律下行五度所产生的律，在三分损益律中是没有的。我读这篇论文就像读天书一样，因为我不是专门研究音乐的，我弄不明白作者到底在干什么。但是，我们研究学术写作的，有一个特别神奇的本领，虽然我看不懂作者在研究什么，但我能知道这篇论文有没有问题，有没有观点，有没有自己的发现，我不需要知道他到底在研究什么，但他的问题我都能识辨。

《理性分析与感性效果之间的差异》这篇论文是做乐谱分析的，论文开头就写了问题探讨的相关背景，讨论了研究问题以及研究起源是什么。对于文章中“可感”与“不美”的概念，我们也已简单地说明了。在很多时候，你的主观感受跟乐谱分析的结果是有差异的。论文中所说的乐谱与感受的差异是作者的研究起源，理性分析与感性分析是文章的切入点。文章通过一些案例，证实了主观感受和理性分析是不一样的。文章除了通过一些案例来论证，也做了一些乐谱分析。比如，作者提出“感性是音乐美学核心的关注点”，但是很多人遗忘了音乐是感性的，就像很多人遗忘了美术是感性的，这是作者研究的最后一部分。

《师徒名分缺失状态下的利川“肉连响”舞蹈的传承方式变迁》这篇论文的标题很长、很拗口，从编辑的角度看，是不应该出现这种情况的。这篇论文有点像社会学、人类学、民俗学论文的风格，这种风格的论文特别强调现场感。如果是一个历史类的选题，那一定要把读者带入历史现场；如果是现场的一个选题，一定要把读者带入所讨论的情景里。这种作品的研究特别强调这一点。这篇论文比较了历代传承人的技艺传承方式，他发现在三代人的传承中，不仅传承方式不一样，而且对于同样都是叫作“肉连响”的舞蹈类型，三代人的理解是不一样的，作者在这里做了比较。再比如，作者的结论是最有意思的，作者说，在传承策略问题上，有人认为，师徒传承和亲缘关系传承是最合理的两种传承方式。在某些领域，还有很多人认为必须是师徒制，手把手教才行，机器化大生产的方式是不可行的。作者认为，这种判定方法本身与非物质文化遗产的生成与流变发展的真实细节和关键细节是很难重合到一块儿去的。因为三代人对这个东西的理解是不一样的，所以，这个判定方法本身就有问题。作者最后给我们启示：我们的非物质文化遗产究竟有没有忽略一些事情？这是一个很有价值的研究，因为它涉及非物质文化遗产传承的问题，当前，这在我国也是一个非常重要的问题。如果一个艺术被列为非物质文化遗产，那它在传承方式上到底应该怎么去做？这个问题如果解决不了，那它可能就真的会成为遗产，而不能被传承，这是这篇论文的价值所在。

问　答

Q：如何区分人文社科类期刊和社会科学类期刊？

A： 有这个疑惑，原因不在你。到目前为止，官方对学科的划分是有问题的。比如，按照教育部的学科分类，人文社会科学（简称人文社科）分为人文科学、社会科学和自然科学。但是，一些青年教师在筛选课题时，可能会发现国家社会科学基金（简称国家社科基金）里的学科分类与教育部的学科分类是不一样的。比如，人文社会科学在国家社会科学基金中叫哲学社会科学。哲学社会科学这个词来自 20 世纪 50 年代的苏联，这是我们在照搬苏联的学科分类时遗留的一个历史问题，但是到现在也没有解决。所以，到现在为止，很多大学的学科分类也是不同的。有的学校认为某一学科应该属于艺术学院，有的学校认为应该属于文学院，还有的认为应该在传播学院。比如，广电艺术就是一个非常尴尬的专业。有很多人都这样怀疑，我们在学科分类上是有问题的，所以根源不在你，有这个疑惑也不要难过。但是，投稿的时候怎么去区分两者？答案是你要在对社会科学和人文科学有一定认识的基础上，判断自己的论文属于哪个分类。比如，对于山东大学的《文史哲》这样的期刊，如果你写的明明是一篇人文科学的论文，但你写成了一篇社会科学论文的样子，自己就得考虑考虑了。当然，也有期刊很喜欢这样的论文，不同期刊的要求是不一样的。

人文科学一般就是我们经常说的文、史、哲再加上艺术，因为在原来的分类中，艺术是属于文科的，但现在这个观点好像也不成立。比如，工业设计要是从文，很多人会反对，但是工业设计属于艺术，艺术又属于文科，所以，我们现在的学科分类就是一团糟。大家有这样的疑惑也不要担心，这并不是你一个人的问题。有人说服装设计属于艺术，这还是能够讲得通的，而且，我不知道大家有没有注意到，很多理工学院也是有工业设计专业的。社会科学一般就是我们讲的经、管、法，以及社会学、人类学、政治学、民俗学，等等。有的人认为民俗学也属于人文科学。大家大概先有这样一个印象，具体的还得看自己实际所写的论文，因为一名艺术学的学生，他所写的论文不一定就是人文类的，还是要具体看论文的情况。

Q：如何找到适合发表自己论文的核心期刊？

A：这个问题就是你怎样去找适合自己论文的核心期刊，这个难度是非常大的，别说你自己，连你的导师可能也解决不了这个问题。我们的C刊就有500多种，北大中文核心期刊有1 900多种，想要从这么多期刊中找到适合自己投稿的核心期刊，也就意味着你要把这些期刊全部看一遍，才能找到适合自己论文投稿的期刊。但是，等你把这些期刊全部看完一遍的时候，你可能马上就要毕业了，那该怎么办？我们就是来解决这个问题的，我们的系统很容易就能实现这样的功能，因为我们的系统收录了所有的核心期刊。比如，你是服装设计专业的，那你就从我们的系统中搜索，哪些期刊开有服装设计栏目，一搜出来一批，再搜一下哪些期刊虽然没有开服装设计栏目，但是喜欢发表这样的论文，一搜也会出来一批，最后，再把你的学历、职称和学校输入系统中。别看有这么多的核心期刊，你每输入一个条件，就会筛选掉一批期刊，经过筛选，最后就剩下三五种了。当然，不是说你用我们的系统就能够百投百中，这个事情有一部分是可以技术实现的，有一部分技术也是无法实现的。比如，判断你的论文内容上的一些指标与某本期刊是否匹配时，对于这个技术难题，目前我们还没有解决，还是要靠人工来判断。但是，用前面的技术基本上可以把 1 900 多种核心期刊压缩到 10 种左右，然后可以通过跟我或者其他老师交流，用人工的方式把你的投稿期刊锁定到 3 种以内，投 C 刊也是同样的道理。这个问题解决起来其实难度蛮大的，到目前为止，国内只有我们一家能够把这个问题做到这种程度，虽然我们解决得也不是很完善。比如，有些环节在技术上还是实现不了，我们现在也在想办法，争取能够在不久的将来，把这个事情纯粹变成技术的，让投稿不再这么难，从技术上能够完全实现精准投稿。

往前倒退 30 年，那个时候找文献都还不好找，但是自从知网出现以后，大家找文献变得特别方便。我们这个数据库也一样，在我们的数据库出来之前，大家觉得选题、投稿是一件很困难的事，但你要是用了我们的数据库，你会发现其实选题、投稿也不是那么难，难也只是因为期刊跟作者之间存在严重的信息不对称，我们的数据库就极大地缩小了信息的不对称问题。我们把期刊的很多特征、数据都录入数据库中，然后把你的论文中的一些数据和期刊的数据做一下比较，通过比对，就能找出来最适合自己论文的期刊。

Q：论文中，要尽量少用“以什么为例”，但如果不这样写，是换一种方式写还是换一种语言写？要怎么解决？

A：这个问题可以有几种处理方式，我随便列举两个。第一，比如前文中讲到的以齐鲁工业大学为例的论文，在这种情况下，不要以齐鲁工业大学为例，而是可以找一些在你所讨论的问题上最具代表性的学校——以全国十所最具有代表性的学校为例。比如，我们讨论工业设计是从文还是从理？你要看在所有的学校中，工业设计专业分到哪了。有的学校可能划分得没有问题，但有的学校，甚至是学校内部可能会有两个工业设计专业被分到了不同学科，很多学校会出现这种情况，那么，在这个问题上哪些学校是最具有代表性的？你把它选出来并以此为例。这时你可以想想你为什么以这些学校为例，因为在所讨论的这个问题上，这些学校的情况最严重，所以要考虑它，这一点是能讲通的。第二，你还可以采取一些别的处理方式，比如，你可以找一个为什么以你的学校为例的合理理由，因为如果你真以全国十所最具代表性的学校为例，你的工作量和工作难度会大大增加，你要做综合的考量，找一个合理的理由，使劲去找，就一定能找到。

在写论文这件事情上，撞到南墙怎么办？办法就是把这个墙撞倒，一定要相信办法总会找到的！比如，你为什么以齐鲁工业大学为例？你可以去调整自己的选题，调整你的切入点，只有你们学校有或者就属你们学校的最突出，调整这个着力点，把着力点放在题目里。工业设计是从文还是从理？它到底是一个什么问题呢？它可能不只是学科分类这个问题这么简单，它会涉及很多问题。比如，学生就业时也会面临障碍，因为有的人认为工业设计是从文的，有的人认为工业设计是从理的，招聘信息上面写的是要工业设计专业的，但是你去面试之后才发现人家要的是理工方向的工业设计。因此，它会带来很多问题，不只是一个学科分类的问题，还会涉及很多其他问题，那么你到底是从哪一个问题切入以讨论你的研究对象？通过对选题问题点的调整来契合你所选的学校，这是一种思路。还会有很多解决这个问题的思路，但尽量不要出现“以某所大学为例”的这种情况。前文中讲到的关于“肉连响”舞蹈的期刊论文研究的是“肉连响”这个舞蹈，那就研究“肉连响”这个舞蹈，不要以“肉连响”这个舞蹈为例。你研究齐鲁工业大学的这个问题，你就只是研究齐鲁工业大学这个问题，它就是齐鲁工业大学存在的一个问题，把你的样本跟你的研究问题紧扣在一起。在这种情况下，尽量不要出现主标题、副标题这种两行标题的情况，这又涉及标题拟制的一些基本原则和技巧方面的内容。

有同学说，根据你讲的这个模式，是不是论文标题写成

《论剪纸文化……——以蓬莱剪纸为例》比较好？为什么以蓬莱剪纸为例呢？是因为这个地方的剪纸特别具有代表性，还是有一些其他原因？这位同学说，因为蓬莱的剪纸比较有特色。可是，这位同学的根据呢？口说无凭。他说，是因为当地的剪纸文化比较好。在回答这个问题时，一定要谨慎，对这个问题的回答，不可以通过你对研究对象的自我解释就结束回答了，这是解释不通的，你必须通过比较蓬莱的剪纸文化跟其他地方的剪纸文化，得出一个契合论文的研究对象的结果。当然，可能还会出现一种情况，就是比较的结果可能会出现你不能以它为例，还得换一个例子的情况。你必须做比较，否则，你是推论不过去的，很多人会忽略这个细节。这个同学接着说，想当然认为它是最好的，所以就直接拿它为例了。其实，在写论文时，很多人都认为自己举的例子是最好的，根本不会考虑它到底是不是真的是最好的，都是机械地以什么为例。写作是一个过程，在这个过程中，有很多环节、很多步骤，每一个环节、每一个步骤里都有一些可做或不可做的技巧或原则，这些东西并不难，但是很多人不知道，因为没有人教。之前也有人问过我："周老师，你讲的这些东西都是你自己研究出来的吗？"其实，我说的一百句话中大概能有两句话是我自己研究出来的就很不错了，这些东西都是常识，但是在国内没有人教，连导师都不会，所以，我拿出来跟大家分享。

比如，我今年带了几个香港的博士生，我就发现香港的博士生导师真的非常负责。有一个香港科技大学的学生，他的导师说他的文献做得不好，一般内地导师遇到这种问题时，会说你的文献做得不行，回去继续做。但是，他的导师用了一晚上的时间，给他筛选出了 200 多篇文献，让他看这些选出的文献。这个过程才是最重要的，过程重要在哪里？重要在你这 200 多篇文献是怎么筛选出来的，这是一个功夫——筛选文献的功夫。但是，我们内地的导师一般会跟你说，你的文献不行，回去重做，你回去之后还是不知道怎么去做。在内地，这是一个非常严重的现象。

Q：数据库有没有一个能够把前辈们做过的一些选题和研究方向排除掉的功能？

A：很多人在写论文时可能都会面临这个问题，在这个问题上你可能有“两怕”。第一，你怕别人都研究烂了，怀疑自己还能不能去研究；第二，你怕先前没有人研究过，没有人研究你也没得研究，因为你根本没有资料可用。那么，实际情况应该是什么样的呢？我们说期刊论文，不说学位论文。关于期刊论文，我们有一套公开课，有的学校已采用了我们这套公开课来上学术论文写作的课程。公开课的第一节课，我们就讲了学术论文选题的七大忌讳。七大忌讳之首就是不能做空白研究，这一点非常明显地体现了期刊论文与学位论文的区别。在做学位论文时，你的导师会反复跟你说，你不能没有创新，你不能重复别人的东西，虽然真正创新的论文，十年八年也出不来一篇，但是我们都这样讲。为什么十年八年出不来一篇创新的论文呢？因为我们对创新有一个误解，很多人认为创新就是空白，很多人认为你要写一个别人都没写过的东西，那你的东西就不得了了，其实这是期刊论文选题的一个忌讳。

从发表的角度来讲，为什么空白研究不可以去做？我经常给大家举牛顿的例子。我们知道牛顿有篇论文写了一个苹果从树上掉下来的问题，但是，你知道他的论文在当时投稿时，有多么难吗？所有的期刊编辑都认为这是一个疯子，所有的期刊编辑都不会发这个论文的，因为这个论文太可笑了，但事实上几百年以后，历史证明他是对的，但你的论文能等到几百年以后吗？你是等不到几百年以后的，你还得赶紧发表，等着毕业，等着评职称，当然，这个例子比较极端。从这个角度来讲，你不能做空白研究。如果你做了一个空白研究，编辑就算是请两个专家也弄不明白你的论文所研究的内容。如果两个专家都反对你的研究，你的论文还怎么发表？编辑总不可能为你的这篇论文开个百人大会，你也没有什么高、大、上的身份，值得编辑动用人力来讨论这个选题，空白研究的论文是很难发表的，所以，我们推到极致来讨论这个问题。不能做空白研究，这是关于论文写作时的第二怕。

第一怕是你怕别人都做烂了，怕别人都做完了。我一般会对大家说，这个你反而不要怕。很多人找到一个空白研究就会欣喜若狂，我想说你真是狂，当你找到一个空白研究时，应该特别谨慎，因为你不能轻易地认为，天上掉下的馅饼就直接落在你的头上了，那么多人都不写这个东西，你为什么去写？当然，这个有点难为他，说不定300年以后他也是一个伟大的科学家，但我们不讨论300年以后的事，我们就讨论现在。

有的人拿着自己的选题，在知网一查询，300多篇类似的文章，再换一个选题查询，500多篇类似的文章，换了三个选题，晚上直接不用睡觉了，愁得不得了。我刚才也讲到，如果碰到南墙一定要把这个墙撞倒，不能总是换来换去，你不能总期待着你想了一个东西，是没有人研究的，别说没人研究，你想的东西在知网上查一下，如果相关文献在十篇以内，我都觉得很伟大，我觉得你还是有一定造诣的。比如，你把“三分损益律和五度相生律”这篇论文在知网上查询一下，一篇相关文献都没有，真是这样的，别说探讨它的差异，连这两个东西都没有。但是，这是一个极特别的例子。如果你输入你的选题后，有三五百篇相关文献怎么办呢？这时候，你应该感谢知网，这个时候你不应该沮丧，很多人的反应跟我讲的反应是相反的，这个时候你应该欣喜若狂，因为学术论文讲创新，但是将创新简化为空白，这是对创新的一种误解。这不是创新，这是疯子。我们更强调学术创新其实是一种继承性创新，是站在前人的肩膀上去写自己的东西。这个道理很简单，但是很多人都把这个东西忽略了，很多人千方百计地想去写一个别人都没写过的东西，你这不是没事儿找事儿吗？空白研究的难度这么大，为什么非要这样做？写一个大家都写的东西多好，这意味着你的资料会非常丰富，当然，剩下的问题就是你怎样解决让相关文章从300篇变成30篇。比如，刚才讲的香港科技大学学生的导师能在文献库里面把它变成200多篇，如果这位同学能够在他导师做文献的思路基础上，把200多篇再做到20篇，甚至最后做到5篇，那么，这200多篇就不用看了，只看这5篇文章就足够了，这些功夫就是文献功夫。再者，对于你的研究和观点，相关文献越多，意味着研究价值越大，因为你是站在很多人的基础之上去研究的。当然，不能说一看相关文献有300多篇，就高兴得不得了，你之所以高兴，是因为你可以从这篇论文里面复制粘贴一些内容，再从那篇论文里面复制粘贴一些内容，但是，写论文不能这样。我所讲的高兴得不得了是指你的参考资料会非常丰富，但是，在这么多的参考资料中，能不能成功筛选出有效文献，能不能最后把有效文献控制在30篇以内，这就是一个文献功夫。

我们经常讲，在论文写作过程中，选题最重要，其次是修改，写作初稿是最不重要的步骤，但是，很多人的观念是相反的。对于很多人来说，选题就是头脑一热，写作可以卡三个月，在刚写完的第二天就立马投稿，顺序正好相反。按照我的要求，在选题环节应该用三个月，写作环节只用三天，投稿之前的修改环节再用上一个月。很多人的论文写作过程正好相反，所以，你写出来的论文不容易发表，因为你的论文写作过程就不对。我经常讲，在投稿之前，你下的功夫越多，就越容易发表；相反，下的功夫越少，论文发表起来就越难。论文的写作过程就是这些环节，就看你在哪个环节下的功夫多。在论文投稿时，现在出现了一种情况，作者被逼得没有办法，被迫在论文发表环节做出花钱、托人请客等各种投机取巧的事情。但如果你把功夫下在投稿之前，那就既不用请客也不用花钱。

回到文献的问题上，刚才我们讲到选题是最重要的。选题又分为三个环节、四个步骤。在这三个环节、四个步骤中，就涉及两批文献。第一批文献是用于确定自己的研究对象的文献。比如，有位同学想写一个在设计上体现生态思想或艺术融合的选题。这就是一个交叉学科的选题。当然，这位同学说设计学本来就是一个交叉学科，跟其他学科的交融性非常大，有特殊性。一方面，我们的知识结构不断融合，学科交叉容易把人逼疯；另一方面，这也是一个机遇，因为在学科的边缘地带，特别容易产生好的论文选题。尤其是如果你能驾驭，比如，像这位同学所学的设计学专业，他的专业本身就是交叉的，如果你能够同时驾驭两个学科，那就是一种机遇。把你想写的东西输入我们的文献数据库，会出现几百篇、几千篇或几万篇文献，这一批文献决定了你的研究选题值不值得去做。在这时，你对你自己的选题会有一个判断，这个判断并不难，这是第一批文献。但是，很多人在第一批文献这个环节就开始退缩了，在还没有撞到墙，离墙还有100米时，有的人就开始往后撤了。这是因为他们一看相关文献有好几千篇，就觉得害怕了，其实，这个时候你应该继续往前走，千万不能往后撤，这时候往后撤，再换一个选题难道就能好一些吗？这是很难的，应该继续往前进行。相反，如果文献数量少，那你反而应该考虑这个选题要不要继续做。如果文献数量很多，那你应该高兴并确信这个选题可以做。为什么可以做？因为大家都做，因为大家都是人，人能干的事你也能干，他跟你没有什么差异，他能做你就能做，至少确定这个选题是可以做的。如果你输入之后，相关文献为零，那你就得考虑一下，这样的选题应该特别地谨慎，因为那么多人都不做，你为什么要去做？那么这是用来确定选题可不可以继续做的一批文献。

在第一个环节中，你确定的只是一个研究对象，那么，到了第二个环节，你需要在这个研究对象的基础上确定自己的研究问题。经常有人问我：研究问题是什么？研究问题有五种情况，但是，我们可以把它们归纳成研究问题是一个问号这一种情况。如果你的研究问题不是一个问号，那就不是一个问题了，这样解释可能有点废话。但是，很多人真的不是这样理解的。比如，以怎样去做设计和生态的关联和交叉为例，很多人认为这就是研究问题了。我刚才讲到研究问题是一个问号，那么，就这个例子来看，它的问号在哪里？你必须找到这个问号，这样这个内容才有可能成为你这个选题的研究问题，这是确定研究问题。研究问题确定以后，就是专业性。专业性是指专业的理论、专业的研究方法，要让读者看出你是哪个专业的，或者让人直接看出你做的是一个跨学科研究，不管怎样，你要让人看出，这篇论文是你写的。如果你能够把论文写到大家一看就知道这篇论文是某人写的论文的程度，那你的论文就厉害了。将专业性推到极致，就会形成自己的风格，这是很难做到的，但是，至少你要把专业性体现出来，让人看出你是什么专业的，这是选题的三个环节。

选题的三个环节结束之后，还要再去做一遍文献工作，这是第二批文献。选题的三个环节完成以后，选题工作大概就进入收尾环节了，这时，你需要把你暂时确定的选题放到文献数据库里再搜索一次，这时你会发现，搜索出的相关文献数量明显变少了。因为这时你所研究的东西已经跟原来的研究对象不是一个东西了，这时你要再验证一下，如果到了这一步，你再次输入数据库，出来的相关文献还是好几千篇，那这个选题可能就不能写了。那么，大概处于什么状态才可以继续写呢？当你将选题的三个环节的工作做完以后，如果你的文献量控制在5～30篇以内，这个选题还是可以做的，有时一两篇也可以，但是如果为零，那这个选题是不能继续做的，这就是与选题相关的两批文献。其实就是这样一个过程，虽然在这个过程中，有很多细节我们没讲到，但就是这样一个过程能把成千上万的文献压缩成5篇，这5篇就是核心文献。文献是立体的、分层次的。比如，我带的这位香港的博士生，他的论文是研究香港国际学校八年级的外国学生在中文的作文写作里的语法中存在的某一个错误，这是他的博士论文。内地的博士论文大都是中国的什么模式研究，模式不够后面再加个创新，模式创新研究。再看他的博士论文，非常细，因为越细越难写，说大话谁不会，把话说小了很难，但是，香港的博士论文就是这样要求的。在内地，期刊论文都很难做到这种程度。现在很多人喜欢说大话，做小了，做细了就觉得难度很大，思维方式有问题。像他这篇论文，我问他文献是怎么来的。他说："首先，'错误'是一批核心文献，'中文的作文写作'是一批文献，然后'八年级'是一批文献，'国际学校'又是一批文献，而'香港'也是一批文献，最后你把所有的关键词所涉及的文献进行交叉，得到的就是你的核心文献。"

我经常会讲，做选题，写论文，你的标题不能少于两个关键词，最好是三个。但是，很多人的标题只有一个关键词，就是他的研究对象。比如，我们刚才讲的对某一部作品的解读，它的核心关键词就是这个作品名，他就只有这一个核心关键词，解读不是关键词，解读只是一种方式，这就是停留在研究对象的层次。实际上，比较理想的状态是，你的选题落实到论文标题中要有三个关键词，这是最理想的，太多了也不行，最起码要有两个，绝不能只有一个。比如，《"香格里拉"再生产——一个"希望世界"现世化》这篇论文的一级核心关键词是"香格里拉"，它的二级核心关键词是"再生产"，除了这两个核心关键词，还有一个充满张力的关键词"'希望世界'现世化"。希望世界，是一个乌托邦的东西。现世化，是"香格里拉"这个词语如何从一个寺庙变成了现在我们一看见这个词语就有一种好印象的现象，这两个词之间是有张力的，这种张力就是第三个关键词，这是一个好的选题。落实到你的标题中，比较理想的状态是三个关键词，至少两个，千万不能只有一个，只有一个关键词的是学位论文。当然，学位论文也不应该是这样的，但是内地对学位论文的要求特别宽松，不想在这个事情上为难大家，要求比较低，所以学位论文的标题中只有一个关键词问题不大。但实际上，我们要自我严格要求，就像刚才我说的香港学生所写的博士论文一样，他的论文标题中的关键词就做得很细致，你只有做得细致才能显示出你的功底。我们之前讲过，学位论文考人，到底怎么考人？就是你写得越细致，越能显示出你的功底，那么，所有的答辩老师就会认为，你这个人具备做学问的潜质，可以毕业，以后可以从事学术研究工作，这是学位论文的目的，用来判断你以后能不能做研究，所以我说学位论文考人不考论文。

第八篇
论文写作的陷阱与突围

在学术论文写作过程中，我们面临着很多陷阱，比如在选题环节、理论使用环节、研究方法环节、语言环节这四个方面可能都存在陷阱，我们需要寻求一些规避或突围这些陷阱的方法。

➢ 选题陷阱

在选题环节，我们列举了五个方面的陷阱。第一个方面，选题就是选择一个题目。事实上，学术论文的选题是一个题目，这是目前中文工具书里对选题的定义，比如，《现代汉语词典》（第7版）中对选题的定义是：选择题目。在这里，我们为什么把它列为一个陷阱呢？因为"选题就是选择题目"这样的定义是无助于我们的论文写作的，相反，它容易造成我们对选题片面的、简单化的理解。因为题目可能只是一句话、两句话，最多可能有三句话，但是选题不是这样的。从静态的角度来看选题，它有三个要素。从动态的角度来看选题，它有四个步骤。所以，不管是从静态或从动态来看，我们都不应该把选题简单地理解成选择题目。

第二个方面，选题要创新，而创新很难。不管是写学位论文，还是写期刊论文，我们都知道选题要有所创新，但同时，我们都知道创新是非常难的，为什么会出现这种理解？可能是由于我们分不开写作和学术研究的这样一种思维习惯。毫无疑问，学术研究要创新，尤其是在自然科学领域里。如果你做了一个研究，没有什么创新性，也没有什么新意，那么你所做的研究的整体价值和意义可能很容易受到别人的怀疑。但是，在论文写作时，虽然我们也强调论文要创新，选题要创新，但是这个创新与学术研究的创新是不同的，这个问题值得我们仔细思考。事实上，在论文的选题环节，我不太提倡大家过度地去追求选题上的创新。一般来说，在一篇论文中，要写什么或不写什么，大家不要去考虑过多的限制，不要考虑自己的选题有没有新意，值不值得去写，一般我不推荐大家去做类似这种问题的过多考虑。在选题环节，基本上是可以不考虑创新问题的，你只要思考选择一个什么样的研究对象就可以，你想写什么，你的兴趣点在哪里，你实际上能写什么，写就行，不要考虑它是不是有所创新。因为选题的创新性不是在这个环节产生的。根据本书第四篇“好选题的过程公式”，大家会很容易理解这句话：选题所表现出的创新性不是在选题环节产生的。如果在选题环节，作者过度去考虑自己的研究对象、自己的论文选题是不是有所创新，这会导致作者在整个选题环节的效率变得非常低，甚至会影响到作者对选题的判断。所以，我们强调，在选题环节不推崇大家过度考虑创新性的问题。

第三个方面，学术空白是一个好选题。关于学术空白的问题，我们已经反复提到过很多次了。如果我们写的是一篇学位论文，那么，去寻求前人没有涉足的话题和没有涉足的领域，这个问题是不大的，并且不管是导师的判断，还是我们自己的判断，一般都会认为学术论文的写作，尤其是学位论文的写作，是要求或者说是比较推崇我们去寻找别人不曾涉及的领域的，这个判断没有什么问题。但是，我反复强调过很多次，如果具体到期刊论文上，大家一定不要把学术空白当作一个好的期刊论文的选题标准。前文中我举过一些例子，如果我们沿着这样一个思路去做期刊论文的选题，从发表的角度来讲，你的论文发表难度是非常大的。我们平时会看很多学术期刊，你会发现真正能够做到原始创新的，能够做到空白研究的论文是极少的。一方面是因为做原始创新、做空白研究的难度很大；另一方面是因为如果你真的做了这样的研究，是不容易发表的，因为学术期刊的选稿制度实行的是同行评议。如果大家感兴趣，可以多去看一下与同行评议有关的书籍，如果你了解了同行评议的运作机制，就会比较容易理解为什么真正的原始创新、空白式的研究，反而不容易发表，它的问题就出在同行评议这个机制上，同行评议的运行机制是排斥空白研究的。

第四个方面，别人写的已经很多了，这个选题不行。经常有同学跟我说：周老师，我每想到一个东西，就上知网查询，然后我就发现相关研究已经很多了，每想一个东西都会出现这种情况，连续换了五六个，还是会出现这种情况，怎么办呢？做论文选题为什么这么难呢？这其实也是一个误区。我们不说学位论文，就说期刊论文，期刊论文的选题如果按照第三个方面所讲的，不去追求空白式的研究，并不是说你想研究的东西其他人的研究越少越好，这是一个认识误区，或者我们称之为陷阱。因为期刊论文更多的是追求继承性创新，这一点之前我也讲过很多次。继承性创新一定要在别人的基础上，去发挥最有新意的观点、材料，等等，然后才能去呈现你的论文的创新性所在，而不是自己每想到一个东西，在知网上一查询，一看文献为零，或者文献为一、为二，你就兴奋得不得了。在这种时候，你恰恰应该非常谨慎，因为有一个常识性的问题你回答不了：人家都不去研究的内容，你为什么研究？这个问题你是很难回答的，你很难证明这个选题的研究价值，因为其他人都不研究，大家都不关注，你怎么去解释这个选题的价值和研究意义？这是很难的。所以，这也是一个陷阱，不是说相关研究已经很多了，我们就不能写，相反，如果看到相关研究已经比较多了，你应该高兴。因为别人写得越多，你在别人的基础上去拓展创新性的可能性就越大。反之，如果别人写得越少，甚至没有人研究，那你就要非常谨慎了，不能因为别人都没有研究而你去研究了，就认为这是创新，你的创新跟研究的人的多少是没有直接关联的，并不是说做一个空白研究就是创新，在逻辑上，这是无法推论的。

第五个方面，是一个关于论文选题、论文写作的习惯问题。比如，经常有人灵光一闪，想到一个好的想法、好的创意，然后就会异常兴奋，兴奋得彻夜难眠，恨不得第二天甚至当晚就不睡觉了，赶紧先把这个灵光一闪的想法写下来，不然明天忘记了怎么办？这也是一个不利于我们做出好选题的陷阱。为什么会出现这种情况？因为选题是一个动态的过程，而不是灵光一闪的好创意，灵光一闪的创意有两种可能性：要么，第二天你一查相关研究文献时，研究过的人很多，那你的灵光就白闪了；要么，你一查，没有人研究，这说明要不就是你高度聪明，要不就是你的知识面真的大到了一定程度，能够在某种程度或者某个方向、某个角度上超越大部分人的认知边界，虽然这种可能性很小，但也是存在的。以上两种情况，不管是哪一种，都不是我们所推崇的，尤其是期刊论文选题的方式，或者说选题的过程。我们更强调选题的过程要素，按照步骤，挨个环节地去做，不要靠灵光一闪。

关于论文的选题环节，以上我们简单列举了五个方面的陷阱，实际上，选题陷阱还有很多种，我们不可能把所有的东西都列到这里来。这方面的陷阱，绝大部分都是因为大家忽略了“选题是一个过程”所导致的。如果大家还不明白，可以翻看一下之前我们讲过的论文的选题公式，看了这篇文章之后，你会很容易明白我们在上面列举的这些陷阱，以及我们不推崇这种选题方式的原因。在这里，我们对选题陷阱的原因简单地做一个总结：绝大部分陷阱都是因为忽略了“选题是一个过程”所导致的，选题不是一下就完成的，它是有过程、有步骤、有环节的。

➢ 理论使用陷阱

第一个陷阱，掌握的专业理论很少。很多学生，包括硕士生、博士生，甚至一些老师，经常会害怕自己掌握的专业理论少。有人跟我说这个问题，我一般会跟他说“你掌握的专业理论的多与少，与论文写作基本上关联不大。”这并不是说自己所掌握的理论是一定有利于论文写作的。比如，你把你们学科成千上万的理论背得滚瓜烂熟，是不是就有利于自己的论文写作了？你们专业的理论，可能你只知道三五个，甚至有很多本科生连自己专业的三五个理论也不知道，在这种情况下，论文写起来是不是会特别难？这是没有必然关联的，为什么没有必然关联呢？在这里，我们简单说明一下。其实，在很多时候，论文的写作讲的是程序和逻辑，你的理论和工具只是用来体现自己的专业性所在的，它与你对这个问题的展开描述、展开论证，并不是直接关联在一起的。比如，学政治学的用政治学的理论，学经济学的用经济学的方法，这只是体现了自己的专业性，这与作者自己对这个问题本身展开的思考与逻辑论证不是直接关联的。对于一个选题，如果你想表达自己的观点，那你就亮出自己的观点，然后陈述自己的理由，并提供证据，它是有四个步骤的。在整个过程中，你只有在提供了证据，并且你的证据是一个理论证据时，你才会用到理论。你的很多问题其实是出在阐述理由的环节，很多人的问题其实是出在这里的。从这个角度来看，专业理论的多少与论文的写作没有直接关联。但是，这个问题很容易引起大家的焦虑，大家都怕自己的理论掌握得比较少，会导致论文写不好，其实这是不用怕的，因为它们没有直接的关联。

第二个陷阱，生搬硬套。对理论生搬硬套，会导致理论与论证“两张皮”。这既是我们很多人的缺陷，也是在关于怎样使用理论这个问题上的一个陷阱。很多人对某个理论明明还不是很了解，可能理解的也就达到一个囫囵吞枣的程度，但为了彰显自己的论文水平高，为了彰显自己的学识厉害，就生搬硬套很多理论，懂的、不懂的理论，全都胡乱搬到自己的论文中，也不管这个理论跟自己的论题是否相关，关联度有多大，东拼西凑拿来就用，这也是一个理论使用陷阱。理论使用得少是一个陷阱，理论使用得多也是一个陷阱，根本在于自己所使用的理论能否为自己的观点和论证服务，因为理论本身不能够体现论文的价值。

第三个陷阱，将某一理论当作写作视角，但没有新发现。很多人都不是很注意这个问题，并且很多人非常擅长做这件事。比如，某理论视域下的某研究，或者是从某理论去看某问题，很多人非常擅长写这种论文，这种论文可能会带来一个不好的后果，你是在用某一个理论去观察、去探讨某一个研究对象，但是没有新发现，因为你的重心和大部分精力都放在怎样用这个理论去探讨、观察自己的研究对象了。从一开始，你就没有考虑自己为什么要用这个理论，用这个理论会有什么不同于别人的研究发现，引用这个理论与引用另一个理论，可能会给自己的研究带来什么样的不同结果。如果没有这样的一个研究假设，或者说这样一个研究结论，那为什么你要用这个理论？其实，这个问题是不容易回答的，很多人都回答不清楚，但很多人就是习惯性地会用某个理论去研究某个东西，这也是我一直反对的、不提倡的。

第四个陷阱，疯狂填塞理论。这个陷阱有点类似于第二个陷阱，第二个陷阱更多是在强调生搬硬套，那么，第四个陷阱就不只是生搬硬套的问题了，而是疯狂地往论文中填塞理论的问题，这样会把自己的论文弄得非常晦涩，让别人都看不懂。

第五个陷阱，所用理论脱离问题的语境。第五个陷阱跟第一个、第三个陷阱，都是需要我们特别注意的，因为这是很多人在理论使用方面存在的误区。中国很多学科现在的理论体系过度依赖西方的知识体系和知识结构，国内本土原创性的理论是非常少的。那么这时，我们很容易有一个误区：我们使用的这个理论，是不是适用于我们所探讨的问题？这一点需要提前想清楚，甚至要在正式亮出自己的观点、开展论证之前，需要提前给出说明，交代清楚所使用的理论是否适用于自己的论文。尤其是当我们探讨的问题是一个在中国情境下的问题时，甚至是一个区域性的问题时，你所使用的理论对你的问题的适用性到底有多大？这一点真的需要作者仔细去想，仔细地做出比较详尽、比较清晰明了的交代，否则，读者、审稿人和编辑就有理由质疑，在这个问题上，你所用的理论可能根本就不适用，虽然你用了，虽然你也写出了论文，但是他们仍然有理由质疑你所用的理论，在这个问题上就是不合适的，这就是所用理论脱离问题的语境的问题。

关于理论使用的陷阱，大都是因为对论文的理论性存在误读。

论文的理论性，其实就是指专业性。但是，因为在这个地方，我们经常会存在一些误读，所以才会导致在使用理论时，存在很多陷阱。

➢ 研究方法陷阱

其实，在自然科学领域，倒不是有很多人纠结关于方法、工具的使用问题。相反，很多纠结这个问题的人，大都是社会科学领域的作者。在人文科学里面，比如，文学、哲学、艺术、历史等领域中的作者，他们也不是很纠结方法的使用问题。但是，在社会科学领域中，有很多人都在纠结这个问题，我给大家总结了五个常常出现的研究方法陷阱，供大家一起探讨。

第一个陷阱，将文献资料法等这类方法也当作研究方法。这个问题在学位论文中经常出现，在很多学位论文中，经常有作者把文献资料法写在所使用的研究方法中。在学位论文中，我们可以把它当作一种研究方法写上，但在其他论文中，千万不要这样写，因为就算作者不说明，大家也会知道你在论文中使用了文献资料法，这个方法就不要写在论文中了，这是一个低级的陷阱，写论文经验比较丰富的人是不会犯这样的低级错误的。但是，也有一些刚开始学习论文写作的人，比如，一些硕士研究生，尤其是受学位论文写作误导的学生，是很容易犯这样的错误的。

第二个陷阱，为了方法而方法。我发现现在有很多的作者都是为了方法而方法，这种行为会严重导致作者自身并不关心自己写了什么，也不关心自己最后得出了一个怎样的研究结论。作者只会关心自己的这篇论文使用了什么方法，尤其是使用了什么软件，自己论文的数据是怎么做出来的，数据是怎么分析处理的，把大多数精力都放在了这个环节，这就有点本末倒置了。我反复地讲，一篇论文的写作，应该把50%的精力和时间都放在选题环节，怎么去写、用什么方法去研究是因人而异的，这并不重要，大家不要把主要的时间和精力放在这个环节，不要为了方法而方法。

第三个陷阱，方法工具化，甚至过度迷恋软件工具。这点跟第二个陷阱有点相似，但区别在于第二个陷阱其实还是在讲研究方法的，还是在探讨你所使用的这个工具背后的一些理论性的东西的，这是这两者的区别。比如，你在做数据处理时，你用SPSS，还是用其他各种各样的流行软件，它们有什么不同？在第二个陷阱中，作者其实还是关注的。但到了第三个陷阱这里，方法变得工具化了，也就是说，作者连方法本身的一些东西、背后的一些东西都不再关注了，真的把方法变成了一种工具，尤其是那些已经习惯使用软件的同学，真的会把这个东西简化为一种数据处理工具，这是非常危险的。因为任何一种软件、任何一种方法都不是万能的，在写作时，是不可以直接拿来就用的。如果你真的这样做了，是会有非常大的危险的，这可能会导致你闹很多笑话。我亲眼看到过这样的例子，在使用一些方法时，由于不考虑方法选取的适用性问题，只考虑把方法工具化，把方法简单变成一种数据处理的过程，导致闹出了很多的笑话，最终导致自己的研究结论可能是不准确的。比如，我之前看过好多这样的论文，尤其是在经济学领域中，这样的论文特别多。有些人去研究怎样提高居民的幸福感，他的研究结论是我们要提高收入水平，要提高健康保障，要提高各方面的各种东西，这就是一些很可笑的结论。这些东西需要你去研究吗？你不研究大家也都知道，如果要提高居民的幸福感，首先要提高居民的收入水平，提高居民的社会保障，这是不需要去研究的，为什么你要花费这么多的功夫来研究这些内容呢？显然，这就是真的把方法工具化了，还自认为自己的研究非常科学，因为他的论文不管是从形式上、内容上，还是从论证的过程去看，都是像模像样的，很像一篇论文。我经常这样取笑这部分人，我说："你的论文怎么看都像一篇论文，就是选题不好，你的论文从头到脚看起来都是一篇非常好的论文，就是选题有问题。"这样的论文不在少数。

第四个陷阱，不会某种软件，下功夫去学。近两年来，我发现有很多人都存在这个问题，他们明明不会使用某种数据处理软件，但是还偏要去学，这些人的精神可嘉，但是我一般不推崇大家这样去做。比如，我有位学生，他也遇到了这个问题，他需要某个处理数据的软件，但是他不会使用任何数据处理软件，因为他既没有数学基础，也没有经济学、管理学、社会学的基础，他在本科阶段学的是思想政治教育专业，硕士所学专业也不是与数学相关的，博士学的是政治偏行政管理方向的一个专业，因而他并没有任何数学、经济学之类的基础。那么，在这种情况下，他要不要学习数据处理软件呢？从长远的角度来看，可以学，因为这个东西一旦学到手，你就可以长期使用了，在很多时候，它毕竟还是一个很好用的工具。但是，如果你已经开始写论文了，就不要再现学这个软件了。这是没有必要的，也没有多大的意义。在这种情况下，你可以选择和别人进行合作，找一个会使用这个软件的人，跟他合作一下，两人共同完成这篇论文。可以这次你署第一作者，他署第二作者；下次再让他署第一作者，你署第二作者，合作完成一篇论文的写作。当你们合作两三篇文章的时候，基本上这个软件的使用你也就会了。因此，不要特意地为一些你不会使用的软件和工具发愁，甚至是为了学习这些软件去花钱上各种各样的培训班。博士四年、硕士三年期间，在平时，如果你不写论文，但是就想掌握这样一项技能，这是可以的，因为你只要学会了，它就会有用，所谓技多不压身。但是，如果你已经开始论文写作了，就不要再考虑这个问题了。

第五个陷阱，整篇论文中没有或不用方法。听到这一点，可能很多人觉得有点好笑，但实际上，现在的很多论文真的存在这样的问题，尤其是人文科学领域中的很多人，他们就是这样写论文的，没有使用任何方法。甚至在社会科学领域中，也出现了一批这样的论文，这种论文有一个共同的特点，就是论文作者自己怎样理解所研究的问题，他们就怎样去写，他们有自己的观点，但就是没有理由，也没有论证，整篇文章就只是在阐述自己的观点，不提供理由，不提供论证过程，不涉及论证，就更不会涉及方法了。像这样的论文，其实非常像一篇自言自语的文章。我们在之前讲过，学术论文的写作其实是一场学术对话，特别强调对话意识，哪怕是在论文的写作过程中，你也要有一个假想的对话方式，这一点是非常重要的。但是，如果你把论文写成一篇自言自语式的、没有方法的文章，那么，你的这篇论文无论如何是说不过去的。尤其是在期刊论文中，更是说不过去的，因为它既影响到论证的严谨性，又会造成别人在读你这篇论文时，不能判断出你的专业性以及你对研究问题思考分析的路径。这些别人是不容易看出来的，因为你没有遵循大家在研究过程中的一些通用标准、路径，那么，别人就很难看出你的结论到底是怎么得出来的。

关于研究方法的陷阱，大都是因为对“论文专业性”的极端重视或极端忽略，这两种情况都容易造成我们在论文写作过程中，关于用不用、怎么用一些研究方法和研究工具这些方面的一些问题。从写作的角度来讲，论文的专业性与论文的理论性是可以通用的，但是，如果你过度关注、过度重视这个东西，就会出现类似为了方法而方法的问题，甚至会出现将方法简化为一种工具的情况。如果你不重视论文的专业性，而是直接把它忽略，那么就会出现第五种情况——下意识地不用方法，写出来的论文就没有论证过程。

➢ 语言陷阱

第一个陷阱，语言晦涩，越让人看不懂越好。有些人有一种想法，他们认为论文写得越让人看不懂越好，直至今天，我也搞不清楚为什么有人会有这种想法。我们写论文不就是为了传播自己的学术观点并与别人进行交流吗？为什么有人会把自己的论文写得非常晦涩，故意让别人看不懂，让别人看起来就非常头疼，出现这种倾向的原因是什么？我到现在也没有想明白。当然，有一个解释就是可能受到了学位论文的影响，尤其是在期刊论文的写作中。再一个可能性是受到一些所谓的学术大家所写的不利于我们学习论文写作的文章的影响，这些文章可能会让我们产生误解。一般来说，我只要是看到有这种问题的论文，就会让论文的作者使劲改，一直改到让别人在看他这篇论文时不再感觉到累的程度。如果一篇论文能够改到这种程度，那么，这篇论文就差不多可以了。当然，如果你能改到让别人看这篇论文时不仅不累，而且很轻松，看起来还能愉悦的程度，那就相当好了，但最起码，你要把自己的论文改到让别人看的时候不是很累的程度，不能让别人读了你的论文以后，陷入一个云里雾里的状态，让别人不知道你的论文到底在写什么，我觉得这样的论文肯定不是好论文。

第二个陷阱，语言口语化、口号化，越通俗越好。这个陷阱与第一个陷阱是两个极端。第一个陷阱，语言晦涩，越让人看不懂越好；而第二个陷阱则是语言表达越通俗越好，这也是一个误区。语言的通俗能够到一个什么程度呢？我们在知网进行搜索时，可能会发现一大批这样的论文，尤其近几年来，这个现象越来越明显，感兴趣的同学可以上知网搜一搜，看一下。给大家举几个例子。比如，深入贯彻党的十八大精神研究。再比如，大力推进创新、创业政策研究，大力切实落实创新、创业政策研究，类似这样的论文就属于口号化的论文。这已经不是口语化了，而是口号化了，这是口语化的一个极端形式，很通俗。那么，为什么我不推崇大家做政策研究，为什么对所有的老师，我都会反对研究这个东西？原因也在这里。比如，你怎样去大力推广，怎样去切实落实，怎样去做，这是不需要研究的，因为就算你研究了，也不一定有用，你需要去做，在做的过程中总结经验，这样可以不断地提升自己，这是不需要去研究的，直接做就行了。你在做的过程中，会发现什么样的措施好用，什么样的措施不好用，这是不需要研究的，所以说，这是一种口号化的研究。那么，还有一种就是口语化的研究。口语化这种问题一般会出现在本科生，以及一部分硕士研究生身上，博士生基本都能避免出现这种问题。整篇论文过度口语化，容易导致论文行文松散，包括重复、啰唆、问题描述不清楚。一句话就能说清楚的问题，非得写上一页纸，这也不是一种好的学术论文写作习惯。

第三个陷阱，老觉得别人的语言比自己的好，吓得笔下停滞。之前，有一位同学跟我讨论，他说："我每看一篇论文，都觉得人家写得特别好，觉得自己再怎么努力、再怎么下功夫，也写不到人家那个程度，怎么办？"我辅导的另外一位同学也跟我说过，自己现在都吓得不敢写论文了，现在每写一句话就把它划掉，写完一段之后，就想把整段划掉，他觉得自己写完以后，怎么看都觉得写得不对、写得不好，就不敢写了。这种人可能属于少数，大部分人其实还是胆大的，动不动几千字、上万字的论文就写出来了，这种吓得不敢写的人属于少数，但这也是一种情况。我记得第一位同学跟我讨论时，我就跟他说，你看着别人的论文写得比你好，这就对了，因为你看的是已经发表了的论文，是论文作者不知道修改了多少遍的论文，而且这篇论文还经过了同行专家的评审，反复提意见，不断修改提升，是经过了编辑辛苦劳作的作品，最后才发表到期刊杂志上的一个完整的文本。那么，在这个过程中，包括作者本人、审稿人、编辑，甚至包括一些其他人，比如，这位作者的同学、朋友、同事，等等，已经有很多人的劳动凝结在这篇论文中了。如果你的论文一下子就能写到这种程度，那说明你的水平是相当高的。那么，从这个角度来看，当你在看别人的期刊论文时，出现了怎么看别人的论文都觉得写得很好，但就是认为自己写不出来的情况时，也不要焦虑，有这种想法就对了，因为这是一种正常的情况，这也不难理解。因此，你也不要怕，完全没有必要觉得别人写得太好了，就认为自己再怎么努力也写不到那个程度，不要有这种焦虑和担心，写就行了。在论文写作时，先不要管论文的写法，先去写论文，并且在前文中我还专门讲解了五个关于如何快速启动论文写作的方法，大家可以回忆一下。

第四个陷阱，循环往复地阐释自己的观点，生怕别人不懂。这一点跟第一个陷阱是相反的，第一个陷阱是生怕别人能够读懂，认为写得越晦涩越好，而这个陷阱是生怕别人读不懂，同一个意思反复论述。第一段讲了一个事，第二段还在讲这个事，整篇论文的第一部分都结束了，还在讲这个事，这是没有必要的。你只需要把自己的观点交代清楚，罗列自己的理由，然后为每一个理由提供论据就可以了，没有必要针对某一个观点反复阐述。大家在写论文时，不要总觉得别人看不懂你在写什么，不要太高估自己，太低估别人了，如果你写的东西别人看不懂，那问题也只能是出在第一个陷阱上，而不是出在这里，这个陷阱反而会成为自己在论文写作时的语言上的一个障碍。

第五个陷阱，频繁使用主观性语言。关于这方面的内容，前文中我们讲得比较多。比如，我经常强调的，论文中要谨慎使用形容词，形容词越少越好，如果不使用则最好。谨慎使用形容词，是为了避免语言主观性陷阱的一个办法。当然，如果要避免学术语言主观性比较突出的问题，还不只是一个形容词的使用问题，还有很多需要我们去处理、去修改的方面。在这里我们不展开阐述，我们只以形容词的使用为例进行讲解。有一位同学问过我："为什么要慎用形容词?"这是因为形容词使用多了，会导致整篇论文的语言主观性过大。因为形容词是涉及评价的，但是学术论文写作比较忌讳的就是评价，学术论文写作讲的是客观，而不是主观，要尽量少做评价，这就是不提倡过多使用形容词的原因。

关于语言的陷阱，它的原因也比较简单，就是因为大家对学术语言特点的把握还不到位。那么，学术语言到底有哪些方面的特点？有哪些指标？到目前为止，在我们的评价机制中，关于学术语言方面的指标，大概只有十几个。在市面上，能够见到的可供参考的论文写作方面的书籍，包括在学术写作领域的一些论文中，关于学术写作的特征，也有一些罗列，大家可以看一下。但是目前为止，我还没有发现有谁能够把学术语言的特点阐述得比较系统的。那么，在这种情况下，我们应该怎样去了解学术语言的特点，以避免我们在语言上出现这些问题呢？在这里，我有一个小技巧——大家要去了解新闻语言。为什么新闻跟学术论文有这么大的关联？就是因为两者的内在有很多可互通的东西。比如，新闻语言追求客观，学术语言也追求客观；新闻语言追求平实，学术语言也追求平实。这里的平实不是指口语化，不管是新闻还是论文，如果你把它写得口语化了，都不可以。大家可以自行了解一下新闻语言有哪些特征，大部分新闻语言都是可以用到学术论文中的，因为目前我们还没有一套完整的、系统性的关于学术语言特点的研究成果，所以可供参考的就是新闻语言的标准。

➢ 球型思维：以退为进，全面突围

这一部分是我想重点给大家介绍的。我们试图通过一种方式或一个角度，调整我们思考问题的方式和过程，以达到对本书前文中所列举种种陷阱的一个尽可能大的程度上的突围。我们把这些陷阱指出来并讲一下是容易的，但在实际论文写作的过程中，如果你真想很好地规避这些陷阱，难度是非常大的。针对不同的问题，每个人也有自己不同的理解，在这里，我们介绍一种思考问题的方式——球型思维。

我列举了五条关于球型思维的内容。我从来不给任何东西下定义，相反，我会去评论很多定义，我不太擅长，也不太喜欢给一个东西下定义，就像这个球型思维一样，你要问我球型思维是什么，实事求是地讲，我真的不知道球型思维是什么。但我可以很负责任地告诉大家，这种思维方式非常有利于论文的写作。在这里我写了五条，我们一起尝试着去理解。

第一条，学术写作是往后退，而不是向前冲。我经常对在我们这边做学术写作训练的同学说：当你遇到任何问题，包括在选题环节、写作环节、投稿环节等遇到任何问题时，你就往后退一步，不要向前冲。这就是我们在学术写作方面讲的往后退，而不是向前冲。那么，要退到一个什么样的程度呢？如果你能够退到自己内心的原点，你的视野一下就会变得开阔。我记得有一本书中也讲过，学术论文的写作是往后退，而不是向前冲，往后退的步伐越大，越有可能写出一篇好论文。

第二条，退居自己内心的原点，视野就会变开阔。如果能够退到自己内心的原点，那么论文的框架、自己的写作立场、写作意识等方面会有变化，甚至时间长了以后，它会影响到作者的写作习惯。如果你有意识地去做这种训练，球型思维还是比较好用的。

第三条，时刻保持与写作对象的距离，激情投入，但要理性克制。这一点其实也是在讲退，我经常讲，论文的写作要有温度，你要投入，要能够让人看出这篇论文是你写的。因此，有的同学给我提出疑问："周老师，一方面，你强调论文的写作要投入，要有温度；另一方面，你又说要时刻保持与写作对象的距离，两者是不是相互矛盾?"事实上，这两者确实是矛盾的。我们宽泛一点来看，不管做什么事，其实都是在处理一种矛盾，很多事情都是这样的，论文写作也不例外。当你能够把很多的矛盾条分缕析时，你的论文可能就已经写完了。在这里也是这样的，它其实就是讲一个度。你既要投入你的激情，投入你的个性化的东西，让你的论文变得有温度，又要理性地克制自己的投入。因为如果投入过多，则容易使自己的论文过于主观，这样的论文很容易写成一篇评论性的文章。比如，评论一个作品好，有些作者在自己的论文中会使劲说这个作品好，文学领域的作者最容易犯这个毛病，一定要时刻谨记，保持与写作对象的距离。

第四条，球形思维是一种无边界思维，同时也是一种常识思维。在我们的办公室里面，放置了很多球，前几天我们的一位合作伙伴问我："你们办公室里为什么放了那么多球，而且每个办公室都摆放？这些球是在你们工作累了以后，用来做体育运动放松的吗?"其实不是这样的，之所以摆放这么多的球，是因为我们从几年之前就开始做球型思维训练，我们在休息时，就会看这些球。我记得有一位同事曾经问我："这个球型思维，它的边界在哪里?"我说："它没有边界，如果总考虑它的边界在哪里，那么，它本身是不符合球型思维所提倡的那种精神的。"球型思维是没有边界的，它讲的是毫无止境地往后退，使劲往后退，能退多远退多远，并没有边界。这位同事跟我讨论的时候说，球是立体的，里面是有空间的。但是，如果大家只是看到了球的本身，它当然是有边界的，里面有空间，外面也有空间。因为我们找不到一个无边界的实物，所以我们只能拿这些球过来摆一下，如果我们能够找到一个无边界的实物，那么，放在这里是最合适不过的了。球型思维是一种无边界的思维，同时也是一种常识思维。我们刚才讲了选题陷阱、理论使用陷阱、研究方法陷阱、语言陷阱等方面的内容，如果你在写论文时，有意识地去规避这些陷阱，你也是能避免得了的。学术论文的写作是讲常识的，不管你用什么方法，不管你用什么理论，也不管你用什么样的论证过程、论据等，但凡你在论文写作的过程中，有一点违背了常识，就只有两种可能：第一，你的研究确实能够改变我们的某一个常识判断，这是一个非常有价值、非常有创新的东西；第二，你的研究是错的，你的观点、过程或者材料在某一个环节出问题了，这样就违背了常识。第二种情况是比较多见的，第一种情况也有，但是比较少见。但是，但凡能够做到第一种情况的，即你的论文能够扭转我们的常识，这种论文就很容易成为一篇好论文。比如，有人研究“上重点高中是不是可以提高学生的学习成绩”，还有人研究“孩子在小时候提前抢跑，上各种各样的辅导班，提前学习，是否有利于他以后的学习”，类似这样的一些选题，真的有人去研究，这样的论文很容易成为好论文，因为他的研究结论很好玩，但研究结论往往跟我们的常识是相悖的，他会扭转我们的常识。总之，一方面，球型思维是一种无边界的思维；另一方面，我们强调它也是一种常识思维。

第五条，在球型思维与逻辑思维的互补中，突破论文写作陷阱。在我们平时做学术研究、写论文时，更注重的是逻辑思维，但是逻辑思维有它的缺陷，它过于强调论证的严密性。虽然我总说，你在这个地方推不过去，在那个地方也推不过去，你一定要想办法把它推过去才行，但不可否认，但凡能够推理的，都是有问题的，因为事物与事物之间是有联系的，而不是靠一个逻辑桥梁就可以直接连通的。相反，你要建立这种联系，而这种联系更多地可能要靠我们的球型思维去搭建，逻辑思维往往会忽略这些联系。所以，球形思维与逻辑思维是互补的，在两者互补的过程中，可以帮助我们有效规避论文写作的一些陷阱。

那么，最后有一句话，具有反思意识的人，能够在作为主体的自我觉醒后，以“反求诸己”为路径，以独特的直觉体悟方式跃入与天地并生、与万物为一的圆融超越的境界。这句话是从我的同事所写的一篇文章中筛选出来的，这是球型思维的一种比较极端的表达方式。其实，中国传统的哲学，说简单也简单，说难也很难，因为它不讲逻辑，中国传统主流的哲学里面，除了法家，除了少数流派，大部分流派的哲学是不讲逻辑的。比如这句话，什么叫“圆融超越的境界”，什么叫“与天地并生、与万物为一”，这是讲不明白的。但是，我们可以体会它到底是一种什么境界，一种什么状态，我们可以朝这个方向去努力，通过做这种思维训练，达到规避学术论文写作过程中的一些陷阱，并促进学术论文写作进步这样一个目的。

问　答

Q：课题基金对前期成果要求如何？是否必须要有《经济研究》《管理世界》和外文的论文才行？

A：这个问题有点怪异。我猜测提问这个问题的同学，可能是经济管理学科的，然后想去申请一个项目，所以会问到这样的问题。根据我掌握的情况，不管什么基金，可能都会看你的前期成果，或者说如果你前期已经有了一定的积累、有了一定的成果，那都是有利于你去申请、去做这个项目的。不同的项目类型在具体的、细致的要求上可能不一样，具体可以去看它的申请要求。那么，在你们这个学科是不是说一定要有外文的论文，或者一定要有在《经济研究》或《管理世界》这种权威A类期刊上发表的论文？关于这些问题，不要过于机械地去理解，一定要走出一个误区，走出一个以刊评文的误区，不要过于在乎这个东西。当然，可能这不是你的问题，因为目前在我们整个学术评价体系中，就存在以刊评文的问题，大家普遍觉得在某一个期刊上发表了论文，这个人就很厉害，这篇论文就是一篇好论文。凭我们的常识也能判断，以刊评文是不合理的，发表在好期刊上的论文不一定好，发表在差期刊上的论文也不一定差，这显然是不合理的。但是，目前我们的学术评价体系就是这样评价的，所以这个问题可能也不是你自己的问题。但即使这样，我们也没有必要过于机械地去理解、去讨论这个问题。比如，你一定要在《管理世界》上发表一篇文章才能申请到这个项目，难道没有《管理世界》的文章你就不能申请到这个项目了吗？也没有人这样说，或者说也没有哪个基金项目是这样规定的。所以，不要过于机械地去讨论或者考虑这样的问题。

Q：如何适应外文写作的范式？

A：如果要讲论文的范式，那么这是一个相当大的问题。我特别害怕“范式”“模式”这样的字眼，所以，这个问题我感觉不是很好回答，我就回答一点吧，就是你不要把写作的范式简单地理解为写作的形式。只要你不简单地这样理解，我觉得就挺好。因为外文的要求跟我们中文论文的一些形式方面的要求还是有很大差异的。比如，平时我们都熟悉的外文的两种形式规范，它们本身差异就比较大，跟我们中文的差异还是蛮大的。我就强调这一点，不要把论文写作的范式理解成对论文的形式要求，一定要注意这一点。我实事求是地讲，这个问题中的其他方面，我可能回答不了你，因为范式这个词我不是很理解它到底指的是什么，就像这么多年来，我都不能很好地理解“模式”到底是什么一样。

Q：在研究方法陷阱中，强调不能完全没有方法、不用方法，指的是什么方法？能举例说明吗？

A：我猜测提这个问题的老师，肯定不是人文科学的，他可能是社会科学，甚至可能是自然科学的。如果你是人文科学的，你就会比较容易理解为什么会有这样一个陷阱，因为确实有很多论文不用任何方法，单凭自己的分析去写论文。比如，我们在分析问题的时候，一篇论文起码要分成三部分，有的还要分成五部分、六部分，不同的人对论文的分法不一样，我们在这里先讨论最简单的结构，就是三段论。在每一部分，你可能又要设置小标题，又要把它分成好几个部分，那么这时我就经常会问：为什么你把它分成三部分，而不是分成五部分？或者说为什么是这样的三部分，而不是另外的三部分？当我在问这种问题的时候，很多同学就被我问懵了，他们不知道我到底在问什么。其实就是因为你整个论证过程的展开缺少方法的使用，你不懂得用方法，你必须说清楚为什么是三个方面，而不是五个方面，为什么是这三个方面，而不是另外的三个方面，这一点你必须说清楚，而不能只靠感觉去写。这个地方你必须说清楚，必须从逻辑上能够推过去，这是我举的一个例子，你不能没有方法。事实上，在论文写作的过程中，很多环节都是这样的，你是不能没有方法的，不能单凭自己的感觉就下笔去写。

第九篇 跨学科论文更容易创新和发表吗

本章主题与跨学科学术论文写作是否更容易发表有关。从发表难度的角度来看，作者在写论文时，需要考虑是否跨学科的问题。本章主要分为四部分：第一部分，跨学科写作的动力；第二部分，从发表难度的角度，比较跨学科和不跨学科两类论文；第三部分，跨学科论文的写法；第四部分，关于跨学科写作的几个基本观点。

➢ 跨学科写作的动力

我们在自己所属平台的线上写作社区做了一个小调查，写论文时倾向于写跨学科论文的作者，他们认为跨学科的论文有以下特点：第一，跨学科论文比较容易突出创新性；第二，从发表的角度来看，很多作者认为，跨学科论文发表难度较小，更易发表。这是通过我们在线上写作社区所做的小调查得出的两种观点。当然，在调查中，也有人反对跨学科论文的写作。他们认为跨学科论文的写作，不管是从创新性上来看，还是从发表的角度来看，可能跟我们预期的并不一样，这也是大家普遍性的观点。事实上，根据已掌握的资料来看，跨学科论文更易创新和发表的这种判断，可能是有问题的，我们现在也没有确定性的结论，但根据目前我们所掌握的材料来看，这个判断可能是有问题的。为什么会出现这样两种判断？为什么有很多人认为跨学科论文比较容易创新、比较容易发表呢？在这里，我有两个小提示。第一个小提示是，我们在考虑写论文要不要跨学科这个问题时，要能够准确区分跨学科与交叉学科的不同。随着人类知识的发展，出现了交叉学科，各种交叉领域层出不穷，我跟一位教育专业的同学曾一起讨论过，在教育领域中，比如教育经济学、教育社会学、教育政治学，等等，这些都是教育领域中的人比较关注的领域，其实，这些就是交叉学科。当我们在平时写论文过程中使用跨学科这个概念时，很多人讨论的并不是一个跨学科还是不跨学科的问题，其实，他们讨论的是，论文选题是不是要写一个交叉学科、一个交叉领域的东西。很多时候，我们讨论的其实是这个问题，而不是在讨论其他问题。比如，做文学研究时，要不要跟教育学的内容结合一下？或者我们要不要使用经济学的研究方法来做文学研究？其实，很多人在讨论跨学科的问题时，并不是在讨论这样的问题，而是在讨论，我们做的选题，纯粹的是某学科内部的一个选题，还是两个、三个甚至更多学科交叉领域的一个选题。所以，我们要能够区分跨学科和交叉学科这两个概念，这有助于我们判断跨学科论文是不是真的更有利于创新，是不是真的更容易发表，以便最终做出选题决策。第二个小提示是，我们在考虑写论文要不要跨学科这个问题时，还要注意区分在自然科学与人文社会科学中跨学科的不同。从学科分类的角度来看，我们要特别注意基础科学、应用科学、软科学。应用科学在国内的学科分类中，可能更接近于目前很多的社会科学，也包括一部分基础科学。基础科学基本上就是指数学、物理等这样的学科。应用科学包括一部分基础科学，还包括我们平时所说的文科中的社会科学。软科学和应用科学其实是有交叉的。软科学跟我们经常讲的社会科学在概念上有很大的接近度，再就是人文艺术。那么，在这些不同的知识分类体系下，我们讨论跨学科，可能需要进一步深入思考，因为它们面临的情况可能是不一样的。比如，在自然科学领域的学科交叉地带出现创新性成果，甚至是突破性创新性的成果特别多，尤其是近三五十年来，很多诺贝尔奖获得者，大都是在学科交叉地带做出重大突破性创新的，这是自然科学领域中的情况。但是，如果我们把这个问题放到人文社会科学中来看，那么这个问题可能会变得更加复杂。我们并不是说人文社会科学中的交叉学科地带就不容易出创新性的东西，而是说，同样的问题，在人文社会科学中所要面临的情况要比在自然科学中所要面临的情况更加复杂。因为人文社会科学的不同学科之间，知识结构并不是那么泾渭分明，因此，我们可能不太容易判断它到底是跨学科还是不跨学科。在很多情况下，我们是判断不了的，可能作者在写论文时，也没有过多地考虑跨还是不跨学科的问题。

在自然科学领域中，学科交叉地带比较容易出现创新，而且比较容易出现突破性的创新，这种情况在自然科学领域中是比较普遍的。但是，在人文社会科学领域，即使我们有意识地去跨学科，我们可能也只是换了一个方法，或者是换了一个视角，看到了研究对象的不同侧面而已，很难产生突破性的原始创新。以上是我们在考虑为什么跨学科，以及要不要跨学科这种问题时，针对大家普遍存在的两种观点，讲解的且需要大家进一步深入思考的内容。并不是说这两个观点就是对的，或者说持反对意见的人的观点就是错的，我们讨论的不是对与错的问题，而是想说明这个问题可能没有想象的那么简单。所以，大家在具体的论文写作过程中，尤其是在做选题时如果遇见这种情况，不要想得太简单。

➢ 跨还是不跨

要不要进行跨学科论文的写作，取决于很多因素。比如，作者是不是具备不同学科的知识基础，如果不具备其他学科的知识基础而贸然跨学科写论文，论文本身的难度就会非常大。这里要重点讨论的是，从发表的角度来判断，跨学科论文是不是真的更容易创新、更容易发表？在这里，我给出了一些范文，这些范文出自我们的期刊论文索引，也就是中文人文社会科学期刊论文索引。在 2015

年的全部论文中，人文社会科学一共有 13 个大的学科分类，共收录了 1 220 篇论文，在这 1 220 篇论文中，我认为有 13 篇是跨学科的论文。从这个数量上来看，跨学科论文的比例还是非常低的，当然，这也有它的现实原因，因为有很多人确实不具备不同学科的知识基础和知识结构。具备两个，甚至是三个以上不同学科知识结构的人毕竟还在少数，所以，从这个角度来看，跨学科论文的数量还是比较少的，这一点相信大家都可以理解。

我们先简单地看一下这些范文。十三篇跨学科论文如表 2 所示。

表 2　　十三篇跨学科论文列表

序号	篇名
1	《从“伦理缺失”到“伦理固化”——道教神仙传记的文学研究与宗教学研究》
2	《百年小学科学教科书中的科学观变迁》
3	《信息概念的语境考察》
4	《文本的阅读复权——从福柯文本的词频统计复归其原初思想构境》
5	《叙事即评价：医德描述语词的语用文化分析》
6	《福、运、命：一种有关暴富的地方文化解释》
7	《气候变迁与战争、王朝兴衰更迭——基于中国数据的统计与计量文献述评》
8	《文学作品中的“小世界”——菲茨杰拉德小说人物关系网络的实证分析》
9	《语言特质对经济增长的影响：理论解释与经验检验》
10	《当法律遇上函数——法学研究中的函数思维刍议》
11	《国际政治的文学透视：以莎士比亚〈亨利五世〉为例》
12	《论文学地图》
13	《人类大脑容量及语言进化的分子生物学证据与质疑》

第一篇论文的标题为：《从“伦理缺失”到“伦理固化”——

道教神仙传记的文学研究与宗教学研究》。这篇论文属于宗教学研究，它的主标题是“从‘伦理缺失’到‘伦理固化’”，这是作者的研究发现，他所依托的对象是道教神仙传记，他对道教神仙传记开展了一个文学研究和宗教学研究，这是一篇跨学科的论文。

第二篇论文的标题为：《百年小学科学教科书中的科学观变迁》。这篇论文的研究问题既是一个哲学问题，又是一个教育问题，因为它依托的物质载体是我们的教材。

第三篇论文的标题为：《信息概念的语境考察》。我们都知道“信息”这个概念，它更多地会出现在物理学、信息科学（包括信息论、控制论），以及传播学等学科中。但实际上，这篇论文是一篇哲学论文，论文的作者也是搞哲学研究的，他其实说的是信息概念的语境考察，这篇论文的内容更多涉及哲学的内容。

第四篇论文的标题为：《文本的阅读复权——从福柯文本的词频统计复归其原初思想构境》，这篇论文的主标题叫作“文本的阅读复权”，其研究方法是对福柯的文本做了词频统计，作者通过对文本的词频统计复原了福柯文本之前的原初思想构境。他的这种研究方法也是很特别的，除了有点文学意味，我们也知道福柯是一位哲学家，或者说是一位社会学家，所以论文中可能也具有很大的一部分哲学成分，同时还有一部分语言学的东西在论文中，感兴趣的同学可以仔细地看一看这篇论文。

第五篇论文的标题为：《叙事即评价：医德描述语词的语用文化分析》。这篇论文是一篇医学和社会学的论文，有时，我们又把它叫作医学与人文社会学的一个相关研究。其使用的方法是语言学中的一个研究方法，是对医德描述词语展开的研究，那么，作者的研究结果就是“叙事即评价”。这篇论文是针对医德描述词语的运用展开的语用文化分析。

第六篇论文的标题为：《福、运、命：一种有关暴富的地方文化解释》。这篇论文是关于“暴富”的一种地方文化解释——是福，是运，还是命的研究。这篇论文比较特殊，其选题本身就处在一个交叉学科的地带。

第七篇论文的标题为：《气候变迁与战争、王朝兴衰更迭——基于中国数据的统计与计量文献述评》。这篇论文其实是一个综述研究，但该选题是一个跨学科的选题，围绕气候和历史展开，可能还涉及一些军事学的内容。

第八篇论文的标题为：《文学作品中的“小世界”——菲茨杰拉德小说人物关系网络的实证分析》。这篇论文是一个文学作品研究，但是这篇论文所用的方法，并不是文学研究的方法，而是网络分析的方法。网络分析也是近几年来，包括经济学、社会学等学科中经常出现的使用频率比较大的一种研究方法，但实际上，这篇论文就是一篇文学研究的文章，只不过是借鉴其他学科的研究方法分析了这部文学作品。

第九篇论文的标题为：《语言特质对经济增长的影响：理论解释与经验检验》。这篇论文其实是语言经济学的一个选题，但是偏经济学的成分更多一些，这也是学科交叉地带的一个选题。

第十篇论文的标题为：《当法律遇上函数——法学研究中的函数思维刍议》。这篇论文探讨的是法律、法学研究中的函数思维，论文中讨论了法学思维和函数思维一致性的问题。作者发现，在很多方面，这两种思维方式有很大的通约性。

第十一篇论文的标题为：《国际政治的文学透视：以莎士比亚〈亨利五世〉为例》。该论文所研究的作品是莎士比亚的《亨利五世》，这篇论文其实是国际政治学领域的一个研究，但是它依托的是一部文学作品，以此展开研究，这也是一篇跨学科的论文。

第十二篇论文的标题为：《论文学地图》。这是文学地理学里面的一个内容，作者试图将地理学中地图的概念及地图分析的方法引入文学研究中。

第十三篇论文的标题为：《人类大脑容量及语言进化的分子生物学证据与质疑》。这基本上就是一篇人文科学与自然科学交叉的论文了，跨度是比较大的。这篇论文的研究对象是人类大脑的容量，这是一个生物学的问题，也具备一点心理学的问题，还有一个研究对象——语言进化，因此这又是一个语言学的问题。文章主要是从分子生物学的角度，来给前面的问题提供证据和质疑，最后得出研究结论。

在以上这些范文中，最后一篇论文是学科之间跨度最大的一篇。

那么，通过观察以上给出的这些跨学科论文，我们开始思考：这个比例能否反映发表难度？它可能不能反映发表的难度，因为这可能是一种事实，而不是因为这个比例低。因此，我们不能推论出跨学科论文的发表难度大这样的结论。但是，前文中得出的这个比例也反映了一种事实，就是跨学科写作的论文数量并不是很多。当然，我们这个目录是从 500 多本 CSSCI 来源期刊每年发表的所有论文里筛选出来的很小比例的一部分，2015 年全年只筛选出 1 220 篇。这不代表所有期刊中的所有论文的一个整体情况。对于这样的一个比例，我们不能简单地看跨学科论文发表难度是大还是小的问题，但至少这反映了一个事实：就论文发表而言，跨学科可能是一个伪命题。我在多种场合不止一次地跟不同的人都讲到过，当我们在讲论文写作这件事情的时候，跨学科可能是一个伪命题，甚至有一段时间，我都跟别人争执，认为跨学科这个词可能都是有问题的，我觉得把这个词改成"学科跨"可能都比"跨学科"更容易让人理解，或者说可操作性更强。当然，我们不纠结它到底是跨学科还是学科跨的问题，我们只是一般性地讨论一下，当我们在进行论文写作时，到底要不要或者说应该怎样去考虑跨学科这个问题。我的观点是：跨学科可能是一个伪命题，我们可能不需要考虑这个问题。

在进行论文写作时，我们应该从一个问题出发，这个问题可能不仅是某一个学科的问题那么简单。其实，对于很多问题，都不能把它们简单地归纳为某一个学科的问题。反过来说，对于很多问题，如果我们单纯地从某一个学科的角度去回答，可能也回答不清楚。尤其是在写期刊论文时，我们更应该从一个问题出发，在这种情况下，当我们讨论跨学科或者不跨学科的时候，更多地可能是在考虑写作方法的问题。比如，你是一个语言分析还是一个质化研究，或是一个定量研究？我们更多地可能是在讨论这些层面的问题。所以，我们要能够区分跨学科和交叉学科这两个概念的不同。比如，如果我们是从问题出发来讨论这个问题，那其实我们更多是在讨论研究方法，而不是讨论这个问题是一个跨学科的还是一个不跨学科的问题。我们在平时讨论时，其实讨论的也不是这个问题，更多是在讨论研究方法。所以，我们在写论文时，跨学科可能是一个伪命题，在这里我用的是可能，而不是肯定。根据目前掌握的情况来看，我们在真正进行论文写作时，其实是不用考虑这么多的。

同时，我提倡问题化和去学科化。我们一直强调，在写期刊论文时，要从问题出发，即在整个论文的写作过程中，我们都把它问题化，始终围绕这个问题来展开。那么，在这个过程中，你可能会用到不同学科的知识来回答这个问题，这种情况是经常出现的。但是，并不是说我们在做选题或在开始写作之前，就开始考虑跨学科还是不跨学科的问题，而是在选题和写作的过程中，自然而然地就会用到不同学科的知识。我们提倡去学科化，这是符合我们的常识判断的，因为人类的知识体系，比如说哲学领域，有一类观点就认为人类的知识体系其实是客观存在的，本来是不分学科的，只是我们在学习掌握这些知识时，为了方便学习，当然也有很多历史的原因，慢慢发展成现在一个学科一个学科的这种状态，甚至不同的学科之间都出现了很严重的学科壁垒。近几年来，大家应该能够越来越明显地体会到，过度学科化的这种知识结构给我们带来的弊端，所以，在这里，我们提倡去学科化。我经常反复地给很多人讲，当你在写论文时，不要考虑自己是哪个学科的，只要考虑自己研究的是一个什么问题。当然，很多人在写学位论文时也会有一个担心，因为学位论文与期刊论文还是有区别的，写学位论文时，这部分人经常出现的担心是：我写的这篇论文如果是一个跨学科的甚至是一个更明显偏移到其他学科的选题，那我的论文答辩会不会有阻力？毕竟在答辩时，是本学科的专家、本学科的学者来评价论文，这是一个很现实的问题。所以，这个去学科化的提示，可能更多地适用于期刊论文的写作，对学位论文写作也有一定的适用性，但不是普适的。我们提倡去学科化：一方面，这符合我们对知识结构的常识判断；另一方面，这其实也是从便于论文写作的角度来讲的，因为凡是考虑跨学科还是不跨学科这个问题的同学，在论文写作时，这个问题往往会成为他做选题、写论文的一个障碍，甚至有的人会在这个问题上纠结很长时间也弄不明白。比如，我先前提到的一位同学，他明明不会实证研究的方法，但是他所做的选题如果用实证研究的方法分析数据并呈现研究结论，那显然比只是从文本到文本的逻辑推理显得更有说服力。但是，他做不了，关于这个问题，他纠结了大概有两个多月的时间，我跟他说放弃就行了，如果非要用到数据研究，他可以跟别人合作，共同来完成一篇论文，因为你就是不会，为什么非要纠结于这个问题？跨学科可能就是一个伪命题，所以没有必要在这个问题上浪费时间，让它成为你在论文写作进程中的一个障碍。这是我们从发表难度角度来讲的。我们可能不能简单地判断，跨学科论文更容易发表还是不跨学科的论文更容易发表这个问题。很难用一两句话就给它下结论，我们可能也下不了这个结论。从这个角度来讲，本部分最大的功用，可能只是在纠正一部分人认为跨学科论文更易创新、更易发表这样的一个观点。因为我们刚才讲过，即使我们要做跨学科的研究，在不同的领域中所面临的情况也是不一样的，所以我们不能够得出跨学科论文是不是更容易创新，是不是更容易发表这样一个一般性的观点。

➢ 跨学科论文的写法

我们把前文中整理出来的十三篇论文，分成了五类。

第一类，以文学作品为依托。比如，《从“伦理缺失”到“伦理固化”——道教神仙传记的文学研究与宗教学研究》这篇论文分析的是一些古代的典籍和文本记录，文中既涉及文学研究，也涉及宗教学研究。当然，它讨论了一个问题，就是伦理的问题。《国际政治的文学透视：以莎士比亚〈亨利五世〉为例》这篇论文讨论的是国际政治的问题，但它是依托一部文学作品来展开的。前一段时间，当我把这个选题发到我的朋友圈时，有一位同学给我反馈说他是学国际政治的，他的导师正大力提倡将政治学的研究与文学作品相结合的研究方法，其实这是一个不错的研究方法，因为依托文学作品展开研究，难度相对要小一些，这也是为什么在这几年，反复出现了一些以文学作品为依托进行跨学科论文写作的原因。

第二类，以教科书为依托。在这十三篇论文中，只有一篇论文是这样的。事实上，以教科书为依托的跨学科研究，还是非常多的。当然，教科书和文学作品代表了一类。在我们另外一个关于期刊论文分类的体系中，有一种分类叫作物质研究。物质研究包括某一部具体的文学作品、教科书，也包括一些物质形态的研究对象。比如，有人研究教室中的摄像头，这其实是一个教育问题，但同时是一个技术问题。再比如，有人研究科学仪器，我记得有一篇论文是对自然科学中的实验仪器展开的哲学考察。对于这一类论文，我们也把它归类于物质研究。今天所涉及的这个分类体系——以文学作品为依托和以教科书为依托——都属于物质研究中的分类。

第三类，以语言为中介。这比以文学作品或者以教科书为依托的难度要稍微大一些。因为如果我们要用以语言为中介这样的一种跨学科研究方法，那么我们要具备一定的语言学或语用学基础。《文本的阅读复权——从福柯文本的词频统计复归其原初思想构境》这篇论文通过对福柯文本的词频统计呈现出来的数据结果，来反映文本之前的福柯原初思想，作者把这叫作阅读复权。词频统计最早是语言学中的一种研究方法，到目前为止，可能主要也是语言学领域的人在用这种方法。《叙事即评价：医德描述语词的语用文化分析》这篇论文从语用文化角度，对我们描述医德时所用到的词语展开分析，他的结论是“叙事即评价”。我们知道文化研究中有一些研究方法，语用学本身也有自己的研究方法，当我们在做词语研究时，可能更多地要用到语言学和语用学中的东西。

第四类，方法上的跨学科。《文学作品中的“小世界”——菲茨杰拉德小说人物关系网络的实证分析》这篇论文明明是一个文学作品研究，但是他用了网络分析的方法，借鉴其他学科的研究方法来做本学科的研究。我们可以把《人类大脑容量及语言进化的分子生物学证据与质疑》这篇论文归类到第五个分类中去，也可以把它归到第四个分类里来，因为它不仅研究人类大脑容量，而且有语言进化的内容，它用的材料是分子生物学领域里面的材料。《论文学地图》这篇论文是文学地理学领域中的，它试图把地图分析的方法借用到文学研究中去。《当法律遇上函数——法学研究中的函数思维刍议》这篇论文涉及的主要是思维方法，在这篇论文中，作者得出的结论是，通过比较法学思维和函数思维这两者思维的一致性和公约性，作者最后发现，他可能更多是在谈论一个法学的“方法的方法论”。我在朋友圈中曾经专门分享了几个关于研究方法的论文，对方法的研究也是我们界定好论文的一种类型。比如，有人研究经济学，我们知道经济学里面有不同的实证研究，好多不同的模型，还有好多不同的数据处理软件，等等。有人就研究过几种不同的数据处理软件，并把它们做了对比，比较它们到底有多大的差异，我认为这种研究是非常有意义，非常有价值的。大概从十几年前开始，国内以经济学为代表的研究方法慢慢地扩散到了很多不同学科，比如，社会学、管理学、人类学，等等，当然这些学科本身就有实证研究的传统。但在国内，经济学是最早使用实证研究、定量研究这些研究方法的学科。但这么多年来，定量研究出现了很多问题，现在也有越来越多的人意识到了这些问题。比如，最严重的时候，到了一种为了数据而数据的程度，只有数据和模型，没有研究问题，也没有研究结论，也就是说，没有作者的观点和思想，在整篇论文中，80%的篇幅都是一些数据、一些图表，读者看不出这个作者到底研究了一个什么问题。在2007年前后，国内很多学术期刊就兴起了一股浪潮，反对这种只有数据没有思想的研究，其实也是对这种研究思路或者说比较流行的这种研究风潮的一种抵制，这种抵制是有道理的。因为刚才我们讲到，有人研究不同的数据处理软件，以及最后处理的数据结果的差异，其实这也是在探讨每一种数据处理软件的局限性，其实它是在探讨这个问题，这对于我们反思对定量研究的无条件崇拜是有作用的。比如，有的人能够一边玩，一边做学术，一边写论文。还有一部分人，他们在研究同一个问题时，会使用不同的方法，就跟有人用不同的工具去处理同一批数据一样，用不同的方法去研究同一个对象，最后，对不同的研究结果进行一次对比研究。我认为这种研究，不管从一开始，还是在研究过程中，还是最终出来的结果的对比，都是很有意思的，比单纯地在文学里面去研究某一个作品，或单纯地在社会学中研究某一个社会现象要好玩得多，因为这种论文其实已经跃上“方法的方法论”这样一个层面了。

第五类，交叉领域。交叉领域的这些论文的选题本身就处在一个学科交叉地带。我们在第四个分类中提到的《人类大脑容量及语言进化的分子生物学证据与质疑》这篇论文也可以归类到第五类中。《信息概念的语境考察》这篇论文探讨的其实是一个哲学问题，但是，“信息”这个概念本身就是一个跨学科的概念，它更多在传播学中被提到，比如，信息论、控制论里面经常会提到这个概念。《福、运、命：一种有关暴富的地方文化解释》这篇论文更像一个文化研究，但是，如果大家仔细看一看这篇论文，又会有一种它好像跟主流的文化研究的传统不一样的感觉，根据文中使用的理论基础，以及使用的研究方法，它好像又是一个偏社会学的研究，因为暴富这个现象不是一个学术问题，而是一种社会现象。我们反复讲过，在写期刊论文时，要从问题出发，在很多情况下，暴富这个问题并不是一个学科的问题，而是一个社会性的问题。比如，这篇论文探讨了暴富，所以最终导致从论文中并不能明显看出作者是哪个专业的，因为他的研究对象本身就处在一个学科交叉地带。我们可以说它是社会学的，也可以说它是文化学的，甚至我们可以说它是历史学的，因为这篇论文中有很多关于暴富的历史考察，好像这样也能讲得通。所以，这就典型地印证了我们刚才讲到的一个观点：在写论文时，其实我们没有必要过多地去考虑到底是跨学科，还是不跨学科的问题。一定不要让这个问题成为写论文的障碍，这是完全没有必要的。《气候变迁与战争、王朝兴衰更迭——基于中国数据的统计与计量文献述评》这篇论文其实是一个综述研究，能把综述研究写到这种程度，也是非常好的。这篇论文研究的是气候的变化与战争的发生，还有朝代的更替之间的关系，这个选题本身是很有意思的，但是，当把选题做成这样时，我们就很难分辨这篇论文到底是哪个学科的问题了，是气候学的，还是军事学的，还是历史学的，甚至我们可以从论文中看到更多的其他学科的影子，因此，我们很难分辨出作者是哪一个学科的。因为这篇论文的研究对象以及所讨论的问题已经超出了某一个学科的范围，进入了不同学科之间的交叉地带。对于《语言特质对经济增长的影响：理论解释与经验检验》这篇论文，我们可以把它理解成语言经济学的一个选题。它所讨论的语言本身的一些特征与经济增长的关系这个问题本身已经超越了语言学，也不纯粹是一个经济学的问题，真正的经济学家其实很少探讨这样的问题。我不知道这篇论文的作者是哪个专业的，但我猜测，这位作者可能不是学经济学的，因为真正的经济学家其实很少会去探讨这种问题，我认为这位作者可能是学语言学的，但他探讨的又是一个超出语言学的问题。

我们对十三篇跨学科论文所做的分类可能更能够启发我们，如果要写跨学科的论文，我们可以从哪几个方面去思考。当然，不管从哪几个方面去思考，都不要为了跨学科而跨学科，因为如果你为了跨学科而跨学科，那么会影响自己的论文写作，甚至会成为我们在论文写作时的一种障碍。相反，我比较提倡从问题出发，如果大家能做到这一点，那你整个论文的写作过程，自然而然地就会是一个跨学科的研究。因为对任何一个问题单纯地用某一个学科的知识去解释，可能都很难圆满地解释清楚，尤其是现在很多的社会问题都不单单是某一个学科的问题，比较典型的就是目前的环境问题。关于环境问题，近几年来，讨论比较多的是关于雾霾的研究，但是，我发现有很多人会从不同的角度去探讨雾霾问题。比如，政治学家会探讨雾霾和政治气候的关系。做城市规划的人会研究雾霾和城市风道的关系，可能很多人并不清楚风道这个概念，从城市规划的角度来看，其实这种研究对新城建设更有价值，当然，它对老城的改造也有一定的价值，一个城市在规划时，风道怎样设计，怎样通过预留风道来减缓雾霾现象，也是很有研究意义的。比如，还有人研究雾霾和交通拥堵的关系，有人研究雾霾和不同城市的地理位置的关系，我认为这个研究可能是一位搞人文地理学研究的作者所探讨的问题，不同城市之间地域性的分布，与雾霾到底有什么关联。同样一个东西，可以从不同的角度去研究。其实，任何一个东西都很难从某一个学科、某一个方向把它彻底地说清楚。当然，这也给我们的研究提供了无限的机会和空间。

➢ 关于跨学科写作的几个基本观点

这几个观点在很大程度上是我们通过对论文的考察研究，以及从事学术写作教学的经验中得出来的，有些观点可能不具有普适性，但我认为这几个观点可以纠正或者说可以优化我们对跨学科还是不跨学科这个问题的思考。

第一个，是否跨学科可能跟发表难度关系不大，至少是没有什么很直接的关联，所以持跨学科论文比较容易创新、比较容易发表这种观点的一部分人，可能就要重新考虑一下自己的这种想法和判断了。因为很多证据表明，是否跨学科写作与你的论文是不是更容易发表是没有直接关联的。

第二个，跨学科论文可能面临期刊选择障碍。把这个问题放在国外，可能还不是很明显，因为国外的期刊有很多都是跨学科的期刊。但在国内，这个问题是非常严重的，因为国内的期刊分类是按照学科来划分的。比如，我们结合自己做研究、写论文的经验思考一下，我们很难想象，一个搞文学的人天天看经济学的期刊，事实上，很少有人会这样去做。但是在国外，这种情况是会出现的，因为国外有类似人文经济地理、语言经济学，甚至直接研究文学和经济关系的论文。国内也出现了类似的论文，比如，有很多文学经典，你读了或没读跟你的个人收入有什么关系，有人在研究这样的问题，但这样的论文投到哪本期刊中去，可能是一个问题：是投经济学的期刊、文学的期刊，还是语言学的期刊？因为国内的期刊分类体系就是这样划分的，虽然我们也有综合性的社科期刊，还有大学的学报，但这两类期刊也只是学科的叠加而已。比如，在一个综合性期刊中，既有文学栏目、哲学栏目，也有经济学栏目、社会学栏目，只是把不同的栏目放到了一本期刊中，而并不是说这本期刊是一本跨学科的期刊。事实上，真正跨学科的期刊在国内是非常少的。在我的印象中，国内有一本跨学科的期刊，但是这本期刊还是属于研究怎样去做跨学科的期刊。这本期刊叫《中国交叉科学》，这是一本以书代刊的期刊，也不是有 CN 刊号的期刊。但即使这样，这本期刊里面也探讨了一些跨学科的问题。事实上，包括我们的综合性期刊以及大学学报，在很多学术期刊中，很少有期刊能真正地去关注跨学科研究，这可能也是目前在我们的期刊分类体系中，基本上还没有跨学科研究的期刊的一个原因。事实上，包括我们，以及已经做了编辑的人本身可能还不具备这种做跨学科研究的素养。比如关于环境科学的问题，如果有一本期刊叫《环境科学》（当然我们也有这方面的期刊，但是这些期刊基本上也不是跨学科的期刊），那么这本期刊就必须做成一本跨学科的期刊。因为环境问题不是某一个学科的问题，对于这一点，相信大家非常容易理解。但实际情况是，关于环境问题的所有研究，都分散在了不同的学科期刊里面，也就是说，我们现在面临的问题是：如果你写了一篇跨学科的论文，那将它投到什么期刊是一个大问题，因为期刊编辑可能都会认为你写的论文并不是他们的期刊所需要的文章。

第三个，论文写作不应该让"是否跨学科"成为障碍。这个问题可能是一个伪命题，虽然我们现在没有确凿的证据来证明这个问题到底值不值得我们去思考、值不值得我们去研究。单纯从论文写作的角度来看，我们也没有什么直接的证据能够证明论文是不是跨学科和论文是不是容易发表、创新有什么特别直接的关联，所以我们不应该让这个问题成为论文写作的障碍。

第四个，论文写作可以借鉴别的学科的研究方法。在论文写作时，大家可以借鉴其他学科的研究方法进行自己的研究。比如，我们可以用网络分析的方法去研究文学作品，也可以用语言学的方法去进行关于医德描述词语的分析。再比如，很多人把经济学中的定量研究方法引入他所在的学科中。在我的印象中，有一篇艺术学的论文，作者在研究时就用了经济学的方法，虽然这种范文很少，但是有人会这样去做。再比如，我还见过研究电影对经济发展的贡献度这样的论文，这属于电影产业领域中的研究，但作者也用了经济学的方法来研究电影，这种借鉴其他学科的研究方法的方法，我们是可以用的。

第五个，将“跨学科”理解为一个形容词。这是我个人的观点，我建议将跨学科理解成一个形容词，而不要把它理解成一个动词。如果我们把它理解成一个形容词，那么可能就更接近于刚才我们纠结的跨学科还是学科跨，或是交叉学科的问题，可能就更接近于我们在真实讨论这个问题时的那种状态。如果我们把它理解成一个动词，就是到底要不要跨，这样反而会导致它成为我们在论文写作时的障碍。我们要把它理解成一个形容词，比如，我们在提到、阅读这些论文的时候，好像一下子就认为这篇论文是跨学科的。大家要注意，它是跨学科的，在这里，“跨学科”是一个形容词。我们看到的论文就是一个跨学科的样子，这种理解可能有助于我们避免一些问题，比如，我们总去纠结跨学科论文到底好不好发表，到底要不要写一个跨学科的论文这种类型的问题。如果你把它当成一个形容词去理解，那么可能有助于自己的思考和论文写作。

第六个，区分“跨学科”与“交叉学科”，提倡问题化与去学科化。一定要区分跨学科和交叉学科，二者是不一样的。跨学科可以是一个动词，也可以是形容词，但不是交叉学科。在平时讨论跨学科的时候，其实我们讨论的是一个交叉学科的问题，而不是跨与不跨的问题。那么，回归到论文写作最根本的问题上来，我们提倡问题化和去学科化。在写一篇论文时，我们要从问题出发，要分析问题和解决问题，而不要管这个问题是不是自己所在学科的问题，也不要管这个问题可能会涉及多少学科，这些疑惑统统不要去管。在写论文时，你要忘掉自己所学的专业，这可能更有助于对问题的分析和解决。如果你在写论文时，总是考虑自己所在学科的问题，这可能会限制你对所研究的问题从广度到深度上的思考。如果你能够做到从问题出发，写作过程也是紧紧地围绕问题而展开，你就会忘掉自己的学科。

以上是我给大家提的几个建议，或者说总结的几个观点，这些观点可能不具有普适性，但至少这些观点有助于我们对跨学科写作相关问题的思考。到目前为止，关于这个问题，我们还没有办法展开更深入的思考，因为我们还没有足够的证据。本次所讲的内容只能给大家提供多角度的讨论，希望能够尽可能地帮助大家纠正一些不利于论文写作的观点或判断。

问　答

Q：在写学位论文时，为什么需要特别地注意学科的问题？

A：因为学位论文跟期刊论文有很大的不同。学位论文是考人的，不考论文；期刊论文是考论文的，不考人。就是因为学位论文考人而不考论文，而人是分学科的，尤其是在国内的教育体系中，所以就要特别注意，你的论文不能偏离你所在的专业太远。如果偏离太远，在答辩时，你可能就会面临风险，甚至会面临着找不到很合适的答辩老师这样的风险。如果出现了这种情况，那就很麻烦了。所以，我建议大家在写学位论文时，一定要将这个问题处理得当。在写期刊论文时，我也建议大家不要考虑这个问题，就只考虑自己的研究问题，而不要考虑是不是跨学科这个问题，不要让这个问题成为我们写论文的障碍。

第十篇 好论文的两个标准与写作过程

本章要讨论的主题与投稿命中率有关。我们知道，论文作者最关心的是论文写完并投稿后，到底能不能发表的问题，相信这是大家共同关心的一个问题。本章主要内容共分为四部分：第一部分，关于对百投百中的理解；第二部分，好论文的两个标准；第三部分，好论文的写作过程；第四部分，精确投稿的理念与技术。

➢ 关于对百投百中的理解

事实上，百投百中是不可能的，如果有人是冲着百投百中这四个字来，可能要让你们失望了，因为百投百中这种概率是不可能的。但可以告诉大家，虽然百投百中是不可能做到的，但是我们可以通过自己的努力，使投稿命中率达到90%以上。高命中率是很多论文作者的一个理想，而高命中率主要包括以下两层含义：第一，我们在追求最快的速度。这个最快的速度包括写论文的速度、投稿的速度和发表的速度。第二，我们在追求最好的期刊。比如，我们要投核心期刊，或是投高级别的权威期刊等。最快的速度、最好的期刊，这可能就是很多作者关于投稿命中率的追求。但是，在这里我想强调，这种想法有利有弊，它对我们的写作可能有一定的作用，大多数人的这种追求高命中率的想法或者说冲动也是有好处的。在这里，我们先看另一种情况，这种冲动于发表无益，因为这种冲动容易导致我们在论文写作过程中，以及在论文投稿过程中产生急功近利的想法。这种想法在很多时候都是由追求高命中率、追求速度、追求好的期刊带来的。我们本来是要追求高命中率的，但这种冲动于发表无益，于写作有功，因为它可以倒逼我们的论文写作。为什么百投百中是不可能的？我们从两个方面来进行一下简单解释：第一个是关于论文的评价问题。我们知道一牵扯到评价，论文是客体，但主体是非常多样的，比如读者、编辑、审稿人，等等。作者自己也可以评价自己的论文，主体是多样化的，但论文的评价是一件“仁者见仁，智者见智”的事情，哪怕是在自然科学中，也不同程度地存在这个问题。那么，从这个角度来讲，不管你的论文是真的优秀，还是假的优秀，都会有人认为好或者不好，这个问题是没有办法解决的。那么，它最后导致的结果就是你的论文不可能百投百中，因为论文的好或不好是不可能完全达成一致的。第二个是期刊用稿的问题。期刊用稿的问题在哪里呢？我专门翻看了一下资料，有一个数据是这样讲的：每一期期刊中，编辑们认为有 30%的文章是好论文，还有 70%的论文质量一般。编辑自己也认为论文质量一般，不同期刊的情况可能有所不同，但是既然有期刊编辑这样说了，肯定就有他的道理，这可能也能够代表很多期刊的一个普遍情况。这 70%的论文虽然发表了，但是原因有很多种。在这些论文中，可能就包括一些非正常投稿的稿件。这些稿件大概能占多少比例，我们没有非常精确的数字，但是我们对很多期刊做过一个小调查，调查结果显示：这个比例，大概低的在 30%左右，高的能达到 50%以上。那么，这就意味着我们自然投稿命中的概率，低的可能只有 30%，高的可能会有 60%，平均下来大概也就是在 40%左右，这就是自然投稿的概率，还不到一半。当然，在这里，我们不去分析它的原因，只是简单地进行一下讨论。期刊用稿是存在问题的，它也会影响论文最后的投稿命中率。从这个角度来讲，百投百中也是不可能的。百投百中是很多人的一种理想，是不可能完全实现的。但是，这个不可能的想法并不是一点益处都没有，它对我们论文写作的过程是有帮助的。它跟论文写作最大的一个关系就是它与发表导向有关，我在不同场合反复强调，论文写作的学术导向和发表导向并不是对立冲突的，但两者又有很大的不同。我们讲过，发表导向可以倒逼学术研究，所以，这两个导向并不是对立冲突的。但是，这种追求高命中率的想法可以促使我们在论文写作的过程中考虑读者的需要、期刊编辑的需要。因为如果你在写论文时不考虑发表，不考虑命中率，那么，你可能不像是在写论文，而像是纯粹地在做一个学术研究。但是，当我们考虑这个问题时，所有的东西都会渗入论文写作的整个过程中。从这个角度来讲，这种想法、这种冲动对我们的论文写作还是有帮助的。

➢ 好论文的两个标准

好论文的标准是一个非常复杂的问题。到目前为止，不管在国内还是在国外，都没有一个一致的意见或者衡量体系来给出一些好论文的标准。最近，我还跟一位大学老师进行了一次讨论，现在的整个学术评价体系是被期刊评价捆绑的，而期刊评价是被一个不合理的评价导向所捆绑的，那么，这个不合理的评价导向是什么呢？就是以刊评文。比如，你是一名博士生，你能不能拿到博士学位，这要看你是不是在C刊或者更高级别的杂志上发表过论文。你发表的论文写得如何，没有人关心，能否拿到博士学位，就只是看你是不是在权威的核心期刊上发表过论文。比如，已经工作的大学老师或者研究人员，他们评职称、拿项目等，在很多场合是看量不看质的。大家只是看你的论文发表在什么地方了，而不看你的论文写了什么。当然，近三五年来，已经开始出现了这种评价导向改革的苗头，而且有的学校已经试点了。但到目前为止，总的大环境还是以“以刊评文”为主流，那么，为什么会存在以刊评文？把以刊评文与以文评刊相比较，以刊评文肯定是不科学、不合理的。但长期以来，国内及国外的情况，为什么都存在以刊评文这种不合理的现象？就是因为没有一个论文的评价标准。如果我们真的实行以文评刊，比如，你能不能毕业取决于你的论文写得如何，这样一来，很多事情可能会变得非常复杂，变得不可操作。所以，以刊评文这个不合理的现象之所以存在，还是有一定合理性的。

好论文的两个标准为：第一，观点铿锵有力；第二，语言、形式和逻辑珠圆玉润。这两个标准其实是非常高的。我在给一位中国石油大学的博士生上课时，还专门给他讲了铿锵有力和珠圆玉润的问题。他问我："什么样的观点才叫铿锵有力？什么样的内容才叫珠圆玉润？"我就跟他说："如果你真要跟我较这个真，我是跟你讲不清楚什么叫铿锵有力，什么叫珠圆玉润的。但我们可以从两个方面来考虑这个问题。第一个是写完论文后，你对自己论文的感觉；第二个是别人读你论文时的感觉。我们可以从这两个方面，考虑铿锵有力和珠圆玉润的问题。"当然，在这里，我讲的是观点的铿锵有力，但实际上，很多论文是连观点都没有的，那就更谈不上铿锵有力了。比如，很多论文就是在描述一个东西，文章中没有观点，不赞成什么，也不反对什么，只是把这个东西简单描述了一遍，这样的论文比比皆是。在这里，我们讨论的是有观点的论文，你在自己的论文中必须要赞成或反对一个东西，要有自己的观点；然后，你的观点要有力。

珠圆玉润，其实更多讲的是形式、逻辑和语言。形式更多的是在考虑框架问题，比如，你的结构是不是合理？结构的合理性更多会反映在论文的段落安排和小标题上，如果你有三个小标题，其中有一个小标题特别长，另外两个小标题特别短，那么从形式美观上来看，就不能说是珠圆玉润了。再比如，你有三个小标题，其中有两个小标题都用了冒号，但第三个小标题用了破折号，这也是会影响形式上的视觉感受的。逻辑指的是部分与部分之间、语句与语句之间的关联度，就是从推理的角度来讲，它能不能推过去，这个我们不用深讲，因为除非你是学逻辑学的，否则，我们一时半会没有办法把逻辑很清楚地讲完，就算是讲完了，意义也不大，因为很多时候，论文的逻辑要看你实际写作的论文。比如，在我们的精确投稿系统的检测报告单上会附有审稿意见，有的用户就我们的审稿意见与我们进行了讨论。其中有几位用户就跟我们讨论了逻辑的问题，因为审稿意见上写着，他那篇论文的逻辑性比较差。于是，他就跟我们讨论，为什么说他的论文逻辑性比较差，怎样才能被认为是一篇逻辑性好的论文。如果你想让自己的论文有较好的逻辑性，那么论文中不能有语言上的问题。如果你的论文前言不搭后语，那根本就谈不上有逻辑性。语言问题不只是有前言不搭后语的问题，它还存在有“同一个意思”，你怎样去表达、怎样去凝练概括、怎么去表述，等等，这种问题是语言上的问题。学语言学的人，可能对有些语言上的错误，或者阅读起来磕磕绊绊的问题更深有体会。

以上讲了形式、逻辑、语言三个方面的珠圆玉润。我们不纠结铿锵有力、珠圆玉润到底指什么，我们只是从写与读两个角度来说这两个标准的导向。我们讲了观点，也讲了内容，内容是分三个方面来讲的，但是我们没讲选题，而实际上，一篇论文好不好，50%靠选题，但在这里，我并没有讲选题，为什么呢？因为，我认为选题可以随便选，写什么都可以，没有不能写的。但是，当我说选题可以随便选的时候，其实我讲的并不是平时我们经常说的那个选题，而是讲的主题或者叫研究对象。我们从过程的角度把选题分为研究主题、研究问题、专业性。我在这里讲的选题随便，实际上说的是研究主题或研究对象范围广泛，这也是为什么在这里我们不讨论选题的原因，因为选题对论文非常重要。我经常说选题占论文写作重要性的50%，甚至有人说50%的重要性都不够。如果一篇论文的选题不好，那剩下50%的内容做得再好，也不会写出一篇好论文，所以有人认为选题的重要程度要高于50%。总之，不管它的比例是多少，毋庸置疑，选题是非常重要的。但是，你研究什么，写什么，真的可以随便，重要的是你怎么去写，因为对于同样的东西，不同的人会有不同的写法，不同的人可以写成不同的样子，写成不同的程度，这体现的是你的写作功底、你的研究功底和知识储备，等等，它不体现在你写什么上。常识告诉我们，你提出一个从未有人关注、从未有人提出的问题，难度是非常大的，概率也很小。所以，在一般情况下，我们不讨论原始创新这种情况。在这个前提下，你的选题写什么都可以，因为它不重要，重要的是你怎么去写。所以在这里，我们不讨论选题，只讨论铿锵有力和珠圆玉润。至于什么是铿锵有力，什么是珠圆玉润，大家不要纠结于这个问题，不要因为看了这章，就开始想什么是铿锵有力，什么是珠圆玉润。因为：第一，我也没给你讲清楚什么叫铿锵有力，什么叫珠圆玉润；第二，把它们弄清楚了，意义貌似也不大。关于论文的评价，更多地要靠我们的主观感觉，虽然我们的团队在这几年正在努力地把这个事情变得可操作化，变得量化，但这还是非常难的，我们也只能说是做到了一定的程度。如果想把这个问题真正地变得可操作和量化，估计还需要很长的一段时间。所以，现在过于纠结这个问题，我认为是没有意义的，但是主观的感觉很重要。这可能又涉及另外一个问题。经常有同学问我，自己的论文写到什么程度就是一篇好论文了。我通常这样回答他们："只要你自己觉得好，它就是好的。"有很多同学不理解我的说法，很多同学认为自己从一开始就认为自己写的论文很好。其实，这个时候你说自己的论文好，是非理性的、不客观的，因为我能给你的论文找出很多问题，而且，当我把这些问题指出来时，你也会认可这些问题的存在。那么，为什么我能给你指出来，你自己却意识不到呢？这是因为你不是客观、理性地去评价自己的论文，而只是以一种"自己的孩子就是好，别人的孩子就不好"的心理去评价自己的论文。如果你真能够做到客观、冷静、理性地评价自己的论文，那么，论文中的这些问题你都是可以发现的。当你真的发现不了论文中存在的问题，并且认为自己的论文里面每一个细节都很好的时候，那你的论文就是真的好。我经常讲，大家要相信自己的判断。如果你认为自己的论文有问题，那么你的论文就是真的存在问题；如果你认为自己的论文没有问题，那你的论文就一定是一篇好论文，一定要相信自己，因为本来就没有一个统一的标准能够评价论文的好坏。你要相信自己！

➢ 好论文的写作过程

虽然我们不是很容易讨论清楚好论文的标准是什么，但是，我们可以从过程的角度努力去做。为什么在第一部分我们认为“百投百中”的这种冲动于发表无益，于写作有功？就是因为这种发表的冲动可以促使我们重视论文写作的过程。虽然我们并不能够轻易讨论清楚好论文的标准是什么，但我们可以从写作过程的角度去重视这些问题。在这里，我列举了三个方面的内容。

第一，从写作的角度来看，好论文是怎样生成的。最重要的仍然是选题。选题要重视两个东西：一是学术性，二是创新性。所谓的学术性，更多的是指专业性。而所谓的创新性，更多的是指观点的创新。我们已讲过选题创新的评价问题，比如新材料、新方法、新角度等，这些其实都是假象，真正的创新是指观点的创新。其他的就是一些论文结构性的要素了，我们将关键要素列举如下。

第一个就是标题，要重视论文标题的拟制，关于这一点，说起来就像白开水一样没有感觉，但很多人都在这种问题上栽倒过，很多人都不重视自己论文的标题。比如，很多人的论文标题就写成“×研究”、“×初探”、“浅析×”及“论×”等，这就是不重视论文标题凝练的表现。论文标题一定要做到清晰、有力，能够涵盖论文的所有内容，像“×研究”这个标题就指向不明，虽然论文的标题是“×研究”，但别人并不会通过这个标题清楚地明白你到底研究了什么，研究到了什么程度以及通过研究到底发现了什么。如果单看这样一个标题，别人是不容易得到这些信息的，这就说明你的论文的标题没有涵盖论文的所有内容。

第二个是摘要和关键词。有一位大学老师曾经问过我摘要的问题，因为有一次他投稿，二审都结束了，期刊编辑仍然让他修改摘要，他就问我摘要应该怎么写。摘要一共有十八种写法，具体哪一种写法适合自己的选题，还要另行讨论。有的人到这里可能一下就懵了，原来摘要还有这么多写法，他们以前从来没有考虑过这个问题，那是因为大部分人都过于高估自己的学术写作能力。作者的这种感觉可能是一个假象。我以前经常对人开玩笑说，为什么是一个假象呢？因为从来没有人教你论文应该怎么写，你也从来没有学过论文怎么写，凭什么就相信自己的感觉了？凭什么就相信自己写的就是好的呢？对于关键词的选取，很多人认为选取三个或五个词语，凑够数量就可以。比如，比较初级的作者，写了两个关键词后就不知道写什么了，再也找不出来第三个关键词，实在没办法了，他们就会把论文的研究方法写上，这都是不合适的。关键词的选取，选取几个，选取哪几个，是有很多讲究的，是有很多规范性的要求的。

第二个是作者信息。包括每一本期刊对作者简介这部分形式、内容及格式的要求，包括作者的联系方式、地址、邮箱、电话等信息。在你的论文中，这些内容都要有的，哪怕是严格执行双向匿名审稿的期刊，也一定要有一页是写这些信息的。

第四个是引言、正文和结语。这三块内容，如果要展开讲，内容会非常庞大，所以在这里我们就不展开讲了。

第五个是文献与注释。很多人不太重视文献与注释，甚至有很多人搞不清楚应该什么时候用文献，什么时候用注释。对一篇论文来讲，文献与注释是非常重要的。在我接触的所有编辑里面，至少有 1/3 的编辑在审稿时是先看文献的，如果你的文献不过关，前面的所有内容他们根本就看不到。当然，具体应该怎么引用文献？怎么添加注释？什么情况下用文献？什么情况下用注释？这就是具体的写作过程中的事情了。

如果你想要写一篇好论文，这些结构上的要素哪一个都不能忽略。有人认为，关键词不就是三五个词嘛！也不是很重要，我就随便用三个，我用了三个也没有人对我说什么，但是，这是你自己对自己的放松，自己对自己的不负责任，只有当你把每一个结构要素都按照规范的形式和格式做完、做好了，从整体上来看，你的论文才有可能成为一篇好论文。当然，也不排除有的论文的摘要、关键词、标题、文献和注释并不规范，也可以是一篇好论文，因为论文的内容可能是很好的，这种情况也是有的。但是，这些论文不是你写的，这种论文的质量非常高，一般这种论文都出自大专家之手。正常情况下，这种论文不是大部分人能够写出来的。对于大部分的普通作者来说，还是应该从基本的形式要素出发，把这些逐个做好，这样最后呈现出来的论文从整体上来看才有可能是一篇好论文。

第二，从审稿的角度来探索一篇好论文应该怎么去写。首先，我们要理解审稿的过程。有的同学可能已经比较熟悉审稿的过程了，国内大部分学术期刊的审稿过程基本上是没有太大问题的，当然，有的期刊不审稿，对于这种情况，我们没有办法，也管不了它们，我们在这里只讨论审稿的情况。在审稿过程中，有初审、二审、三审，有一些杂志还有四审，国内大概有 1/4 的核心期刊是有四审环节的。那么，初审、二审、三审、四审分别审什么？在这里，我们着重看一下初审审什么。假如你是一名普通作者，论文投稿的方式是自然投稿。如果是这种情况，那你就应该特别重视论文的形式要素，因为在初审时，审的就是这些东西。如果你的论文在形式上有问题，比如不严谨、不规范，那可能连初审都过不了。如果初审都过不了，那就更谈不上二审、三审、四审了。因为初审审的就是论文形式上的东西，论文不规范，反映了作者自己对自己的不负责，反映了一种不严谨的写作态度。既然作者自己对自己稿件的态度都不严谨，那么，编辑就更有理由对你的论文不负责了。自己对自己的论文都不负责，凭什么要求编辑对你的论文负责呢？当然，如果你能遇到一个好编辑，他会一点点地告诉你论文形式上的问题，让你进行修改，我认为你是很幸运的，但是，正常情况下你是没有这么幸运的。

其次，我们要考虑到自己的论文要给读者、编辑以及审稿人提供便利，而不是给他们制造麻烦，这也可以倒逼我们的论文写作。比如，如果论文的标题含糊不清，其实这就是在给别人制造麻烦，因为别人不能第一眼就看清你的论文到底写了什么东西，写到了什么程度，有什么新的发现。从标题上来讲，如果你的论文标题含糊不清，其实就是在给别人制造麻烦，原因在于你自己不重视论文标题的拟制，自己的这种不好的写作习惯会在无意间给别人制造麻烦，这就是一个不好的论文写作过程。论文应该给别人提供便利，而这种便利是指别人在阅读你这篇论文时的便利，你的论文要让别人能够读下去，并且读得顺畅，感觉很好；读完以后，还能让别人快速地获取论文中所要表达的信息，所谓的便利，指的就是这一点。你对论文里每一个大的形式、大的结构框架和每一个小的细节方面的不负责，都是在给别人制造阅读上的麻烦。比如，在关键词、注释等方面，你的麻烦制造多了以后，就会影响编辑和审稿人对你这篇论文的判断。我曾经做过一个实验，通过看一些期刊审稿人的审稿意见，我发现至少有 1/3 的审稿意见都是针对一些形式上的低级小问题的。这些审稿意见不见得是审稿人从专业角度提出的，他们在跟你探讨论文中存在的这些问题时，也不见得能够从非常高的角度给你提出一些多么有用的意见。当然，这种情况是很少的，我认为这种人是幸运的，因为大部分人并没有机会让编辑和审稿人给他们指出论文中的小毛病。所以，对大部分人来说，你只能自己对自己的论文负责，自己想办法克服这些问题，要给别人提供阅读便利，而不是制造麻烦。我们从审稿的角度来考虑编辑怎么审稿，考虑其他人怎么阅读论文，也可以倒逼我们的论文写作。

在这里，我提出了四组词语，十六个字。

第一组是开门见山。写论文不要绕弯子，一定不要让别人在阅读到你的论文的 2/3 时，还不知道你的观点是什么，还不知道你到底写了什么东西。你想写什么，在写论文时，第一句话就要说清楚，说完就停止，不要拖泥带水，也不需要铺垫，不要给自己的论文画蛇添足。其实，很多人都会犯这样的毛病，在这里，我强调的其中一点就是开门见山，上来就说，说完就止。

第二组是观点鲜明。你对自己所研究的问题持什么观点——赞同或反对——一定要非常明确地表达出来。在写论文时，不能把要研究的东西讲完了，论文就写完了，这也是很多人在写论文时的一种常态。但是，这种常态是不健康、不正常的，这种所谓的常态和习惯是不利于论文写作的，不利于把论文写成一篇好论文。所以，作者对自己论文中的研究问题一定要有观点，而且观点一定要非常鲜明，要让别人一下子就看出来，你到底在说什么。

第三组是结构清晰。总的框架、小的二级标题，甚至是小的三级标题在形式上、逻辑上都要清晰明了。在审稿时，有的编辑会习惯先看论文的标题，也有的编辑会习惯先看文献，再看论文的二级标题，最后看论文的前言和结语。你费了很多时间与很大精力写的正文，反而是编辑最后才会去看的，编辑一开始是不看这一部分的，因为很长，他们没有时间去看，所以论文的结构一定要非常清晰，让编辑能够通过三个或五个小标题，一下子就提炼到你的论文的主旨，一定要有这种效果。如果编辑看了你的每个小标题以后，还是判断不了你的论文到底在写什么，那就很危险了。

第四组是文风朴实。论文的语言，第一不要晦涩，第二不要华丽。因为学术语言讲的是平实和客观，尽量少有主观性的东西，论文的文风平实、朴素就可以了。如果你把论文弄得很华丽，很晦涩，弄得貌似很高、大、上，那么，这会成为别人在阅读这篇论文时语言上的障碍。所以，我强调文风朴实，只要把自己想说的意思说清楚就可以了。

第三，从期刊评价的角度来探讨论文的写作过程。我们已经讲到了“以刊评文”的问题，事实上，以刊评文有利也有弊，我们在这里简单讨论一下，期刊评价跟我们的论文写作有什么关系。在这里，我们列举了北大图书馆在评选期刊是否入选中文核心期刊目录时所用的一些指标（见表 3）。

表 3　　　　《中文核心期刊要目总览》各版评价指标体系

版本	评价指标
1992	载文量、文摘量、被引量
1996	被索量、被摘量、被引量、载文量、被摘率、影响因子
2000	被索量、被摘量、被引量、载文量、被摘率、影响因子
2004	被索量、被摘量、被引量、载文量、被摘率、影响因子、获奖或被重要检索工具收录
2008	被索量、被摘量、被引量、载文量、被摘率、影响因子、获奖或被重要检索工具收录、基金论文比、web 下载量
2011	被索量、被摘量、被引量、载文量、被摘率、影响因子、被重要检索工具收录、基金论文比、web 下载量
2014	被索量、被摘量、被引量、载文量、被摘率、影响因子、他引量、被重要检索工具收录、基金论文比、web 下载量、论文被引指数、互引指数

资料来源：《中文核心期刊要目总览》（2014 年版）。

从表中，我们可以看到 1992 年第一版目录只有三个指标，到了 2014 年第七版时，已经有十多个指标了，它的每一个指标和论文写作的过程都是相关的。我们挑几个指标简要地介绍一下为什么期刊评价和论文写作的过程是相关的。先看基金论文比这个指标，你的论文挂不挂基金项目是很重要的。当涉及中文核心期刊、CSSCI 期刊目录、EI、SCI 等这些期刊目录的时候，会有这样一个指标，所以，论文有没有项目对期刊来说是很重要的。当然，也有一些期刊并不重视这个指标。如果我们要了解哪些期刊重视这个指标，哪些期刊不重视这个指标，可以上网查询，或者进入我们的精确投稿数据库中查询，我们的数据库中有关于所有期刊指标的一个整体上的统计和对比。对期刊来说，最重要的一个指标是影响因子。与影响因子相关的指标有很多，比如被索量、被摘量、被引量、他引量、被摘率，等等。这里有一个指标是他引量，指的是有多少人来引用你这篇论文。从这个指标来看，我们就可以考虑你的论文应当写什么、怎么写、写成什么样子，别人才有可能对你的这篇论文感兴趣，才有可能引用你的论文。很多人不去考虑这个问题，认为这是期刊面临的一个问题，但我们是可以这样去考虑的，因为在考虑这些问题的时候，你跟期刊的需求是一致的。只有当我们的论文和期刊的需求达到高度一致的时候，论文的命中率才会高。当然，这个匹配要考虑很多方面的内容，在这里，我们只考虑这个指标。那么，写一篇什么样的论文更容易被别人引用呢？根据目前我们掌握的情况，理论研究类的论文更容易被别人引用。如果你写一个应用研究，比如，社会科学里面的对策研究，或者文学里面的作品研究等，这些论文的被引量是比较低的，被引量比较高的就是理论研究。所以，我比较提倡去做理论研究，因为理论研究被引量高。当然，我们现在讨论的是他引量，没有考虑其他指标，事实上，在很多指标上，理论研究的表现都是突出的。那么，这就反过来提示我们，要尽量做理论研究，哪怕你做的、讨论的是一个实际应用的问题，也要把它转化成一个理论问题来讨论，而不要单纯地去讨论一个实际应用问题。比如，我们知道教育学里的论文发表难度比较大，因为这个学科里面的很多人都在写教学类的论文，搞教育的人写教学类的论文就类似于一个公务员写公文，两者性质上是一样的，因为写公文是公务员的工作，教学是教育工作者的工作。有很多人反映，我对很多问题的理解过于苛刻，但按照我的理解，教学类的论文不是一个学术论文，它只是一个工作论文，所以你发表的难度自然就大。这样的论文被别人引用的概率也很小，因为它涉及具体工作上的事情，具体工作上的事情能有多大的价值让别人去关注，让别人去引用呢？这个不好说，因为对于同一堂课、同一个知识点，不同的人会有不同的教法，你不能证明自己的教法就是好的，这是很难证明的。所以，我一般提倡把这种问题转化为一个理论问题来讨论，可能这个时候，各个指标就都上来了，因为期刊编辑在审稿时，会有意无意地用这些指标来看你的稿子。因为所有的期刊都被这些东西绑架，很多人都会无意识地这样去做，所以我们在写作时，也有理由去考虑这十多个指标，因为我们要追求投稿命中率。

我们再看表4。这个表格列出的是每一个指标统计了哪些东西，以及这些东西的来源是什么。我们要经常去看每一个指标的统计源。比如，这上面有我们大家都非常熟悉的人大复印报刊资料索引；还有三大文摘——《新华文摘》、《中国社会科学文摘》以及《高等学校文科学术文摘》；还包括一些行业性的期刊，比如，文学里面的选刊，也包括一些数据库，其中列了社科院的、北大的、南大的、知网的、万方的，等等。另外，还有一些国外的统计源，我们就先不管它们了。至少，大家要通过这个表格去关注这些文摘，我一般比较推荐大家关注《中国社会科学文摘》，尤其你要关注里面的非全文转载的内容。《中国社会科学文摘》里面有全文转载；有观点转载；也有比观点稍长一点的转载，但又不是全文转载。我特别提倡大家去关注非全文转载的内容。比如，直接从原文里面摘出来的一段话，你要考虑为什么这一段被摘出来，这一段在整篇论文中处于一个怎样的地位。还有一些文摘编辑会对原文进行缩写和改写，那么，你就可以跟原文进行对比，看一下这个文摘编辑为什么会这样去改写、缩写。如果你经常注意这些内容，对自己论文写作能力的提升是非常有帮助的。因为文摘编辑的水平是非常高的，我向来是这样认为的，文摘编辑水平比一般期刊的编辑水平要高，因为文摘编辑的工作不只是编稿子，更重要的是从很多的稿件中筛出好稿子来，然后对这些内容进行改写和缩写，从学习和写作的角度来讲，这样做出来的东西比原文更有参考价值。表4中还有一些国外的数据库，因为有的学术论文可能会涉及一些国外的统计源，感兴趣的同学可以看一下。对于一些文摘、一些索引，大家是应该要注意的，这些文摘和索引绝不只是给我们提供了一个数据库，不只是起到了这样的一个作用，这些内容对论文写作其实是非常有帮助的。

表 4 《中文核心期刊要目总览》(2014 年版) 各评价指标统计源一览表

评价指标名称	统计源名称
被索量(3 种)	报刊资料索引总汇(中国人民大学书报资料中心)
	复印报刊资料全文数据库(中国人民大学书报资料中心)
	全国报刊索引数据库(上海图书馆)
被摘量、被摘率(11 种)	北京文学(北京市文学艺术界联合会)
	长篇小说选刊(中国作家出版集团)
	复印报刊资料全文数据库(中国人民大学书报资料中心)
	高等学校文科学术文摘(上海师范大学)
	小说选刊(中国作家出版集团)
	小说月报(百花文艺出版社)
	新华文摘(人民出版社)
	中国化学化工文摘(中国化工情报信息协会)
	中国社会科学文摘(中国社会科学杂志社)
	中国药学文摘(中国药品监督管理局信息中心)
	中篇小说选刊(福建中篇小说选刊杂志社有限公司)
被引量(2 种)	中国科学引文数据库(中国科学院文献情报中心)
	中国人文社会科学引文数据库[中国社会科学院图书馆(调查与数据信息中心)]
他引量(4 种)	中国科学引文数据库(中国科学院文献情报中心)
	中国人文社会科学引文数据库[中国社会科学院图书馆(调查与数据信息中心)]
	中国博士学位论文全文数据库[中国学术期刊(光盘版)电子版]
	中国重要会议论文全文数据库[中国学术期刊(光盘版)电子版]

续前表

评价指标名称	统计源名称
基金论文比（2 种）	中国期刊全文数据库［中国学术期刊（光盘版）电子版］
	万方数据知识服务平台（北京万方数据股份有限公司，中国科学技术信息研究所）
被重要检索工具收录（国外 31 种，国内 5 种）	Arts &Humanities Citation Index（A&HCI）（Thomson Reuters Scientific，USA）
	Abstracts Journal (VINITI. RUS)
	BIOSIS Previews (Thomson Reuters，USA)
	British Maritime Technology Abstracts (Institute of Marine Engineering，Science & Technology；BMT Group Ltd. GBR)
	Cambridge Scientific Abstracts (CSA. USA)
	Centre for Agriculture and Bioscience Abstracts (Centre for Agriculture and Bioscience Abstracts International. GBR)
	Chemical Abstracts（SciFinder Scholar Chemical Abstract Service. USA)
	Directory of Open Access Journals（ Lund University Libraries. SWE)
	EBSCOhost (EBSCO Industries，Inc，USA)
	EI Compendex（core）（Elsevier Engineering Information，USA)
	EMBAS (Elsevier Inc.，NLD)
	Food Science and Technology Abstracts (International Food Information Service，GBR)
	GeoBase (Elsevier Inc.，NLD)
	GeoRef Preview Database（American Geological Institute. USA ）
	Index Copernicus (Index Copernicus International，Inc.，POL)
	Index Medicus/Medline (National Library of Medicine，USA)
	INSPEC（The Institution of Engineering and Technology，GBR)

续前表

评价指标名称	统计源名称
被重要检索工具收录（国外31种，国内5种）	International Construction Database（CIB，NLD Fraunhofer Information Center for Regional Planning and Building Construction，GER）
	International Pharmaceutical Abstracts（Thomson Reuters，USA）
	JST's Bibliographic Database（Japan Science &Technology Agency，JPN）
	Mathematical Reviews（American Mathematical Society，USA）
	Petroleum Abstract（The University of Tulsa，USA）
	Polymer Library（Smithers Rapra，GBR）
	PubMed（National Library of Medicine，USA）
	Royal Society of Chemistry（Royal Society of Chemistry，GBR）
	Science Citation Index-Expand（SCI-E）（Thomson Reuters，USA）
	Scopus（Elsevier Inc.，NLD）
	Western Pacific Region Index Medicus（WHO Western Pacific Regional Office，PHI）
	World Textiles Abstracts（Elsevier Bibliographic Databases，GBR）
	Zentralblatt MATH（European Mathematical Society；FIZ Karlsruhe；Heidelberger Akademie der Wissenschaften，DEU）
	Zoological Record（Thomson Reuters，USA）
	中国科技论文与引文数据库（中国科学技术信息研究所）
	中国科学引文数据库（中国科学院文献情报中心）
	中国人文社会科学引文数据库［中国社会科学院图书馆（调查与数据信息中心）］
	中文社会科学引文索引（南京大学中国社会研究评价中心）
	中国学术期刊文摘（中国科学技术协会科技导报社）

续前表

评价指标名称	统计源名称
Web 下载量（2 种）	中国期刊全文数据库［中国学术期刊（光盘版）电子版］
	万方数据知识服务平台（北京万方数据股份有限公司，中国科学技术信息研究所）
论文被引指数	中国科学引文数据库（中国科学院文献情报中心）
互引指数	中国科学引文数据库（中国科学院文献情报中心）
影响因子（2 种）	中国人文社会科学引文数据库［中国社会科学院图书馆（调查与数据信息中心）］
	中国科学引文数据库（中国科学院文献情报中心）

资料来源：《中文核心期刊要目总览》（2014 年版）。

➢ 精确投稿的理念与技术

关于精确投稿，我们从两个方面来探讨。第一方面，精确投稿理念。精确投稿这个概念是由我们的团队提出来的，我们之所以提出这样一个概念，是因为我们在做这样一个事情，但这件事情并没有什么新意，而且精确投稿是我们大家所共同追求的一件事情，我们都希望自己的稿子能够做到精确投稿，能够做到把自己的稿子投到最合适的期刊上。因为只有这样去做，才有可能提高自己的投稿命中率，但是这很难做到。关于精确投稿的问题，我们团队研究了三四年，到现在仍然有一些问题没有解决。当然，我们也解决了一些问题，比如，我们现在正在大规模发展线上写作社区，在线上写作社区，有一个工作就是研读、讨论好论文。举个例子，你原来每年读 100 篇论文，那么在我们这个线上写作社区里，你每年可能只需要读 20 篇或者 30 篇论文，虽然读的论文少了，但是这对你的论文写作所提供的帮助比原来读 100 篇论文时的帮助要大，为什么呢？因为这二三十篇是我们精选出来的好论文，也就是说，你读的都是好论文，这对你学习论文写作是比较有帮助的。在你研读这些好论文的过程中，你会慢慢地体会到稿子应该写到一个什么程度，什么样的稿子应该投到什么样的期刊上，慢慢地你自己就能找到这种感觉了。

第二方面，从技术层面来讨论精确投稿。我们已经在全国范围内发展了一万多名使用精确投稿系统的体验用户，这个系统叫作“软研大数据”。它是一个期刊智能分析和精确投稿系统，这个系统包括两部分。目前，有一些功能已经开放测试了，比如，我们的精确投稿、智能选题，等等。根据目前的体验用户的测试情况来看，这项技术的使用效果还是挺好的。我们在一开始就提到，“百投百中”是不可能的，但使用我们的精确投稿系统以后，论文的投稿命中率能达到80%以上，加上我们的论文门诊功能，两次结合的复合命中率可以达到96%。这个系统从2014年就开始做测试，最近开启了大规模的体验测试，从这两三年的数据来看，这两个环节、两个功能的复合命中率可以达到96%。我们很难，也不太可能做到百投百中，但是我们可以通过努力去提高投稿命中率。